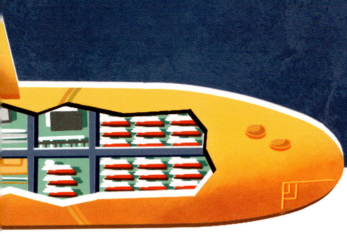

Descubre Las
CREACIONES
asombrosas
del HOMBRE

LIBSA

© 2024, Editorial Libsa
C/ Puerto de Navacerrada, 88
28935 Móstoles (Madrid)
Tel.: (34) 91 657 25 80
e-mail: libsa@libsa.es
www.libsa.es

ISBN: 978-84-662-4152-6

Texto: Belén Martul Hernández
Ilustración: Daniel Lorite Maeso
Imágenes de apoyo: Archivo Libsa, Shutterstock images

DL: M 18731-2023

CONTENIDO

INTRODUCCIÓN

Desde que el ser humano puso su pie sobre la Tierra, se las ha ingeniado para sobrevivir, diseñar estructuras en las que cobijarse, homenajear a sus muertos, rendir tributo a sus dioses, construir edificios en los que disfrutar de espectáculos, canalizar el agua y realizar otras obras de ingeniería que han ido facilitando sus tareas cotidianas. También ha buscado cómo desplazarse más rápido y ha fabricado asombrosas maquinarias para ir de un lugar a otro y mover cargas pesadas. ¿Te has parado a observar la tecnología que hay a tu alrededor y que te facilita la vida? ¿Qué esconden en su interior cada uno de esos objetos y construcciones que a lo largo de la historia ha creado el ser humano?

En este libro vas a ver por dentro algunas de esas obras maravillosas de ingeniería. Vas a descubrir muchas curiosidades que hay detrás de construcciones muy conocidas y comprobarás cómo la tecnología ha tenido siempre un gran peso en la evolución de la sociedad y en su forma ver el mundo.

El recorrido comienza hace muchos, muchos años, en el Neolítico, cuando el ser humano se hace sedentario y construye sus primeras viviendas. Egipto y sus pirámides, Grecia y el Partenón, Roma y el Coliseo y sus increíbles acueductos, no quedan fuera de esta ruta apasionante.

Avanzaremos hasta la época medieval para visitar algún castillo y saber qué había dentro de ellos, y viajaremos a la isla de Pascua para descubrir los secretos de los moáis. ¡Qué cantidad de misterios escondidos!

Nos acercaremos también a la vida de los piratas y a sus famosas naves que tanto temor causaban con solo ver izada su bandera. Otros barcos famosos fueron los que cruzaron el Misisipi, así como el «insumergible» Titanic. ¿Qué escondían todas estas construcciones en su interior? ¿Qué experiencias tuvieron sus pasajeros?

Llegados a este punto, pondremos nuestros ojos en la vida actual: viajes por el espacio, aire, tierra o surcando los océanos. Para ello, observaremos por dentro naves espaciales, satélites artificiales, aeropuertos, drones, trenes, teleféricos, coches, autocaravanas o submarinos. Nos fijaremos en transportes con los que nos cruzamos a diario en nuestras ciudades, como ambulancias, y nos colaremos en el metro o en un parque de bomberos. Descubriremos el interior de algunas viviendas actuales, nos meteremos en un rascacielos y veremos cómo funcionan esos ascensores que nos permiten llegar hasta lo más alto de estas estructuras. ¡Vaya recorrido!

Por último, vamos a investigar cómo es el artilugio que permite imprimir este libro que tienes en las manos, qué se esconde detrás de algunas obras de arte, de la pantalla de tu televisor o qué hay en el interior de tu móvil. ¡Cuántas cosas asombrosas te rodean y no te puedes perder!

Comienza este **viaje por la historia.** Pon todos tus sentidos a funcionar y adéntrate en los **secretos de algunas creaciones del ser humano.** ¡Qué cantidad de misterios por descubrir! ¡Empezamos!

¿Cómo era por dentro una cabaña del Neolítico?

En el Neolítico (6000 a.C.-3000 a.C.) el ser humano comienza a vivir de la agricultura y domestica animales, con lo que se inicia en el cuidado de la ganadería, deja de ser nómada y se hace sedentario. Trabaja la piedra, construye las primeras herramientas y se establecen los primeros asentamientos humanos. ¿Quieres saber cómo eran sus viviendas?

Casi todos los poblados contaban con un cementerio, un espacio reservado a los muertos, separado del de los vivos.

¿CÓMO SE CONSTRUÍA UNA CABAÑA EN EL NEOLÍTICO?

1 Sobre una planta circular se colocan los postes principales enterrados medio metro bajo el suelo.

2 Se entrelazan ramas para formar la base de la pared.

3 Se añade barro a las paredes y se coloca un poste horizontal sobre los postes principales.

4 Se colocan las vigas del tejado formando una cúspide.

5 Se añaden ramas transversales que unen las vigas y refuerzan la estructura del techo.

6 Se añade paja para terminar el tejado.

¡Ya sabes cómo construirla!

¿QUÉ ES UN DOLMEN?

Es una construcción formada por varias losas hincadas en la tierra en posición vertical y una losa de cubierta apoyada sobre ellas en posición horizontal. Se piensa que eran sepulcros colectivos.

POBLADOS DE CABAÑAS

Las primeras construcciones fueron espacios familiares con forma de cabaña. No permanecían aisladas, sino que se agrupaban formando poblados que contaban con espacios exteriores donde se cuidaba del ganado, se cultivaba y se practicaban actividades como moler grano, construir vasijas y cestos y fabricar diferentes herramientas.

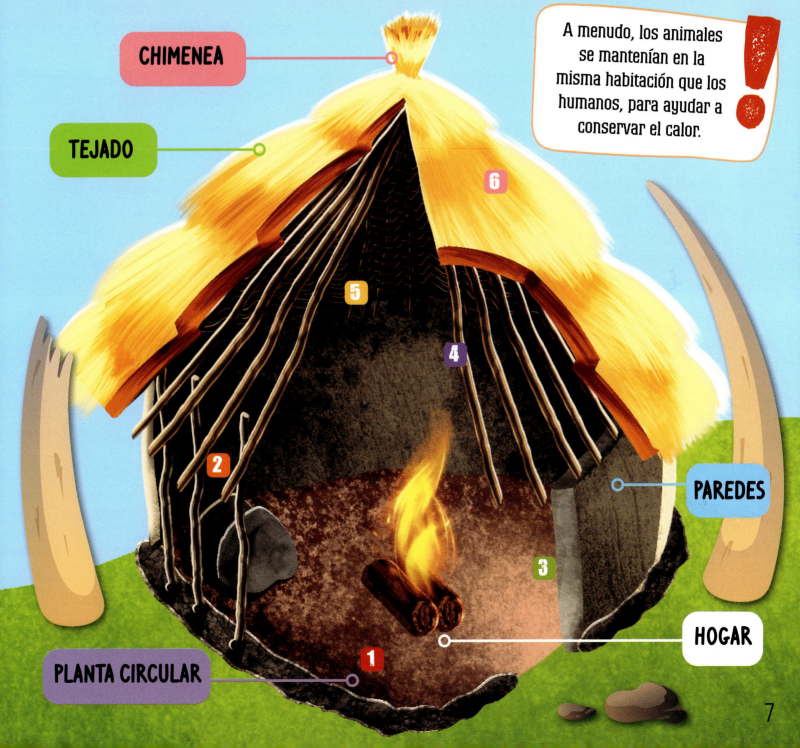

CHIMENEA

TEJADO

A menudo, los animales se mantenían en la misma habitación que los humanos, para ayudar a conservar el calor.

6

5

4

2

PAREDES

3

1

HOGAR

PLANTA CIRCULAR

¿Qué hay dentro de una pirámide?

En Guiza se encuentran las pirámides egipcias más conocidas, las de Keops, Kefrén y Micerinos. Datan del 2 500 a.C. ¡Vamos a descubrir alguno de los secretos de la más grande, la de Keops!

¿DÓNDE ESTÁ EL FARAÓN?

La pirámide de Keops, con sus 146 m de altura, podría alojar en su interior a la Estatua de la Libertad. Casi 2,5 millones de bloques de piedra, de entre 2 y 50 toneladas, se emplearon en su construcción, en la que participaron unos 100 000 trabajadores. Se dice que se diseñó para ofrecer descanso eterno al faraón Jufu (Keops), pero su momia no se ha encontrado en su interior. ¿Dónde está? ¡Es un misterio!

CÁMARA DE LA REINA
En realidad es una habitación que contiene una estatua del faraón.

GRAN GALERÍA
Conecta la cámara del rey y la de la reina.

CANALES DE VENTILACIÓN

PASAJE ASCENDENTE

CÁMARA DEL REY
Tumba del faraón.

CÁMARA SUBTERRÁNEA
Cámara falsa para despistar a los saqueadores de tumbas.

PASAJE DE DESCENSO

¿Y QUÉ HAY DENTRO DE UN SARCÓFAGO?

Alrededor del año 3100 a.C., los egipcios comenzaron a realizar los enterramientos en sarcófagos. Esto los llevó a perfeccionar la técnica de la momificación y a convertirla en un proceso elaborado y complejo que duraba 70 días y que solo podía ser costeado por las familias más pudientes...

EVISCERACIÓN

El cuerpo era llevado a un taller donde los embalsamadores lo lavaban completamente y le extraían todos los órganos.

DESHIDRATACIÓN

Ya limpio, el cuerpo era rellenado de telas y sal y se exponía al sol en el clima seco de Egipto durante 70 días.

VENDAJES

Cuando el proceso de deshidratación se daba por finalizado, se procedía a vendar el cuerpo con el fin de preservar la carne.

ENTIERRO

En algunos casos, la zona de la cara era cubierta con una máscara de momia, usualmente pintada; sin embargo, en el caso de las momias reales, se hacía en oro.

ENTRADA

TEMPLO FUNERARIO

La pirámide escalonada del faraón Zoser, ubicada en Saqqara, al sur de El Cairo, es considerada la pirámide más antigua aún en pie de Egipto, con sus 4 700 años de antigüedad. Con 60 m de altura, está hecha de piedra y dispuesta en capas para crear plataformas en el exterior.

¿Qué había dentro del Partenón?

En la Acrópolis de Atenas se sitúa el Partenón, considerado el templo más perfecto de la antigua Grecia. Se levantó sobre los restos de otro templo y su construcción se llevó a cabo entre el 447 a.C. y el 432 a.C. En su origen estaba pintado de azul, rojo, verde y dorado. ¿Quieres saber cómo era hace 2400 años?

1 TEJADO

Construido con tejas de mármol que se colocan sobre arcilla para evitar deslizamientos.

2 NAOS O CELLA

La sala central se dividía en tres naves separadas por columnas en dos pisos.

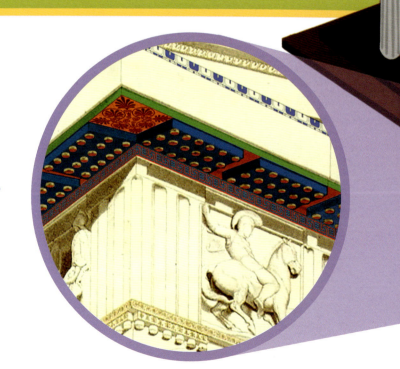

3 COLUMNAS DÓRICAS

Había 46 columnas exteriores y 19 interiores. Los fustes se tallaron en el mismo edificio.

4 METOPAS

En origen eran 92 y representaban batallas mitológicas en las que los héroes griegos derrotaban a sus enemigos.

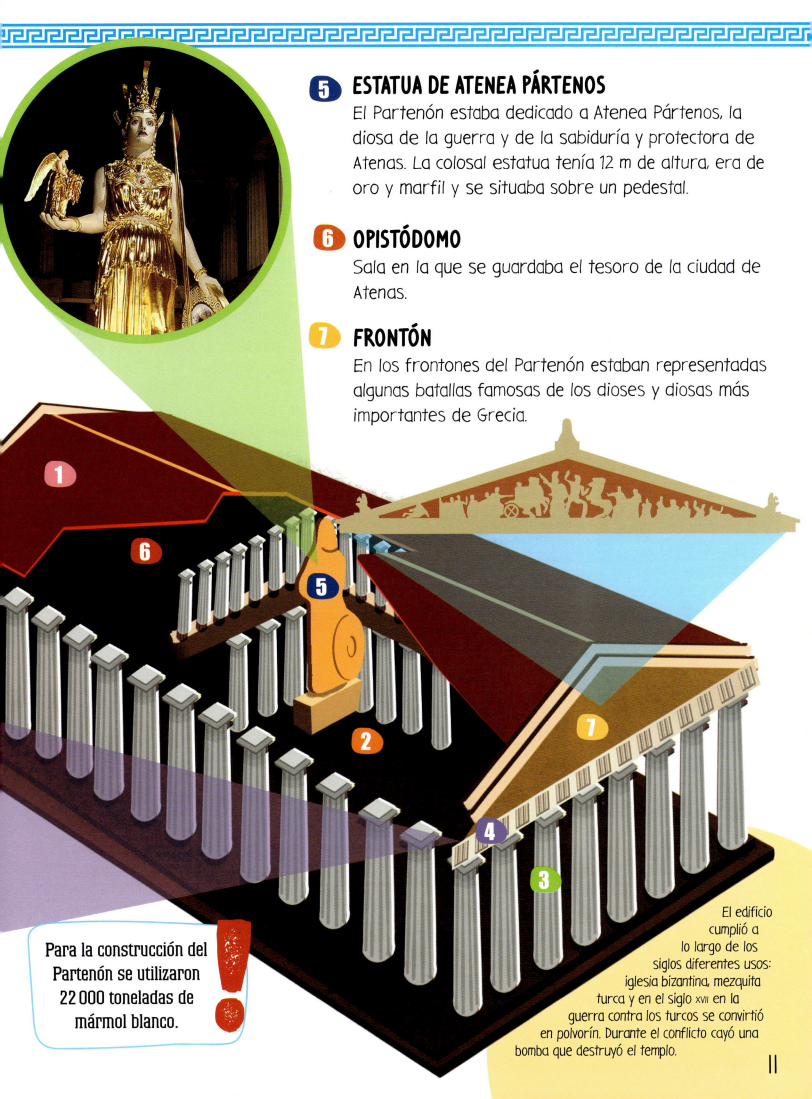

5 ESTATUA DE ATENEA PÁRTENOS

El Partenón estaba dedicado a Atenea Pártenos, la diosa de la guerra y de la sabiduría y protectora de Atenas. La colosal estatua tenía 12 m de altura, era de oro y marfil y se situaba sobre un pedestal.

6 OPISTÓDOMO

Sala en la que se guardaba el tesoro de la ciudad de Atenas.

7 FRONTÓN

En los frontones del Partenón estaban representadas algunas batallas famosas de los dioses y diosas más importantes de Grecia.

Para la construcción del Partenón se utilizaron 22 000 toneladas de mármol blanco.

El edificio cumplió a lo largo de los siglos diferentes usos: iglesia bizantina, mezquita turca y en el siglo XVII en la guerra contra los turcos se convirtió en polvorín. Durante el conflicto cayó una bomba que destruyó el templo.

¿Cómo es por dentro un acueducto romano

Los acueductos romanos son obras maestras de ingeniería que proporcionaron agua potable a las ciudades del Imperio transportándola a grandes distancias de su lugar de origen. Su nombre viene del latín *aquaeductus*, «por donde se conduce el agua». Actualmente muchas ciudades mantienen todavía sus antiguos acueductos y algunos siguen transportando agua, aunque en la mayoría los canales se han sustituido por tuberías. ¿Quieres saber cómo se construían?

POZOS

Se abrían para construir las galerías subterráneas y como puntos de inspección y aireación.

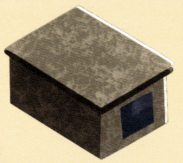

CONSTRUCCIÓN INTERIOR

La mayor parte del recorrido se hacía bajo tierra, a poca profundidad, siguiendo la inclinación del terreno.

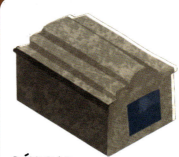

BÓVEDAS

Los canales se cubrían para evitar que el agua se ensuciara.

Roma fue la ciudad con más acueductos del mundo. En 500 años se construyeron los doce que abastecían los más de 900 baños y casi 1400 fuentes de la urbe. Se estima que entre todos sus acueductos sumaban más de 507 km de canales, de los cuales 434 km eran subterráneos.

ABASTECER A LA CIUDAD

El objetivo de los acueductos era llevar a la ciudad el agua desde fuentes y manantiales que podían hallarse a más de 50 km de distancia. A lo largo de este trayecto se construían tomas de agua, pozos de inspección, tanques y, lógicamente, el canal por el que discurría el agua aprovechando la ligera pendiente que los ingenieros romanos lograban mantener desde el origen hasta el destino.

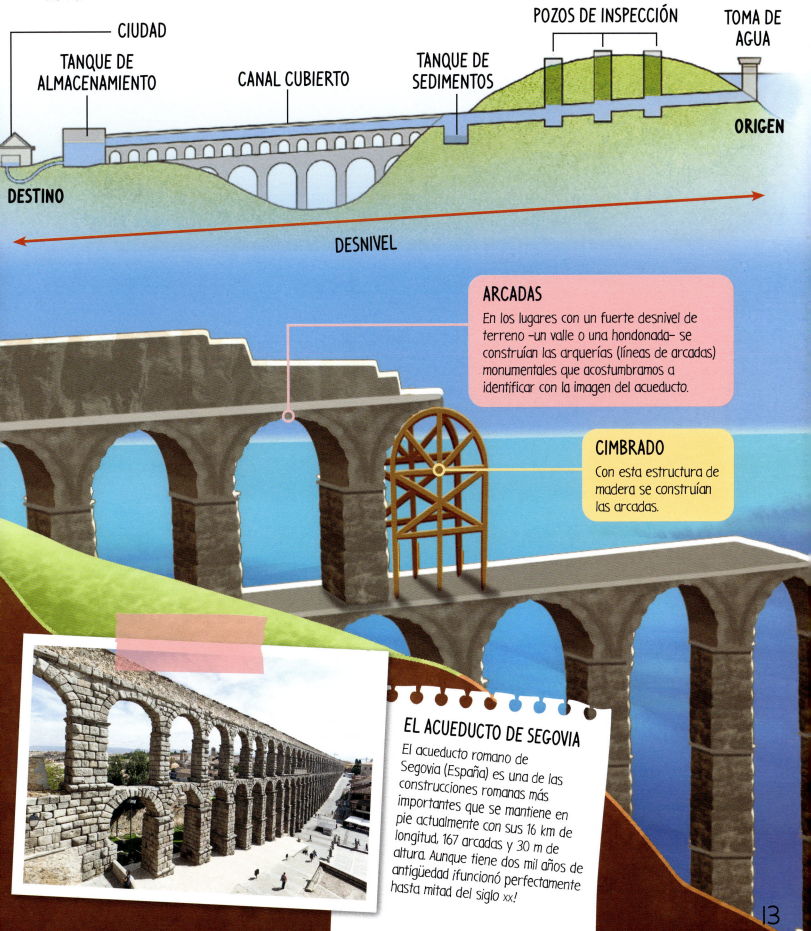

CIUDAD

TANQUE DE ALMACENAMIENTO

CANAL CUBIERTO

TANQUE DE SEDIMENTOS

POZOS DE INSPECCIÓN

TOMA DE AGUA

ORIGEN

DESTINO

DESNIVEL

ARCADAS

En los lugares con un fuerte desnivel de terreno –un valle o una hondonada– se construían las arquerías (líneas de arcadas) monumentales que acostumbramos a identificar con la imagen del acueducto.

CIMBRADO

Con esta estructura de madera se construían las arcadas.

EL ACUEDUCTO DE SEGOVIA

El acueducto romano de Segovia (España) es una de las construcciones romanas más importantes que se mantiene en pie actualmente con sus 16 km de longitud, 167 arcadas y 30 m de altura. Aunque tiene dos mil años de antigüedad ¡funcionó perfectamente hasta mitad del siglo xx!

¿Cómo era por dentro el Coliseo?

Su primer nombre fue anfiteatro Flavio. Se cree que empezó a denominarse Coliseo por la enorme figura de 30 m del Coloso de Nerón que estaba fuera. Varios terremotos derrumbaron gran parte de su estructura y sus túneles subterráneos quedaron expuestos.

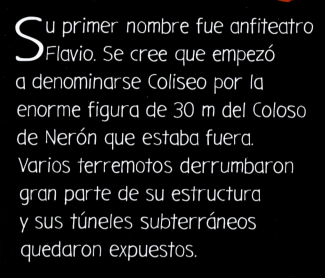

CÓMO ERAN LAS LUCHAS

Las batallas duraban hasta que un gladiador triunfaba sobre el otro. Tras esto el gladiador preguntaba al público si el vencido debía morir o no. Los gladiadores no solían morir, siendo salvados en la mayoría de ocasiones por el pueblo. La mayoría de muertes de gladiadores eran debido a heridas sufridas durante la pelea.

En las pocas ocasiones en las que los gladiadores eran sentenciados a muerte por el público, el ganador clavaba su arma en el corazón del adversario, para dar una muerte rápida al perdedor. El gladiador sentenciado a muerte no ofrecía resistencia, afrontando su muerte con dignidad.

Durante el Bajo Imperio, la capacidad para perdonar o condenar a muerte la tenía solo el emperador.

El Coliseo es el anfiteatro romano más grande del mundo. Sus 189 m de largo, 159 m de ancho y 50 m de alto avalan este nombramiento. Se construyó entre el 72 d.C. y el 80 d.C. Después de la erupción del monte Vesubio, un incendio en Roma y un brote de peste, el emperador Tito tal vez quiso contentar al pueblo y a los dioses, e inauguró este recinto con los juegos más largos de la historia.

En su inauguración fue la única vez que se representaron batallas de agua y los espectáculos iduraron más de cien días!

1 PUERTAS DE ACCESO
Había más de 80 entradas que daban acceso a más de 70 000 espectadores.

2 VOMITORIO
Pasillo por el que el público accedía al interior.

3 GRADAS
La entrada al anfiteatro era gratuita, pero las gradas estaban organizadas según el estatus social.

4 VELARIUM
Toldo para proteger del sol sujeto a mástiles que funcionaba con una compleja red de cuerdas.

5 HIPOGEO
Red de túneles bajo la arena en los que se encontraban los gladiadores y los animales antes del combate. A estos últimos los subían en jaulas por medio de montacargas. De aquí pasaban a una rampa por la que accedían a las más de 30 trampillas que se abrían en la arena.

15

¿Cómo es por dentro un **castillo** medieval **?**

Los castillos medievales eran grandes fortalezas defensivas que servían también como residencia de nobles y reyes. Poseían grandes muros y profundos fosos que dificultaban el acceso a los enemigos. Se localizaban en lugares elevados e inaccesibles pero con posibilidad de abastecerse de agua. Todavía quedan muchos castillos por Europa.

LA CONQUISTA DEL CASTILLO

En la Edad Media, para conquistar nuevos territorios había que tomar primero el castillo. Asaltar una fortaleza suponía sitiarla y atacarla. Se cortaba la red de suministros de víveres y agua y en el ataque se empleaban torres de asedio, catapultas, flechas, arietes y fuego. Con las catapultas podían llegar a lanzar piedras de 150 kg de peso y, a veces, para causar epidemias en el bando enemigo, ¡se lanzaban con ellas cadáveres putrefactos!

DORMITORIO

SALÓN

TORRE DEL HOMENAJE

Torre principal que servía de residencia al señor y albergaba las estancias principales.

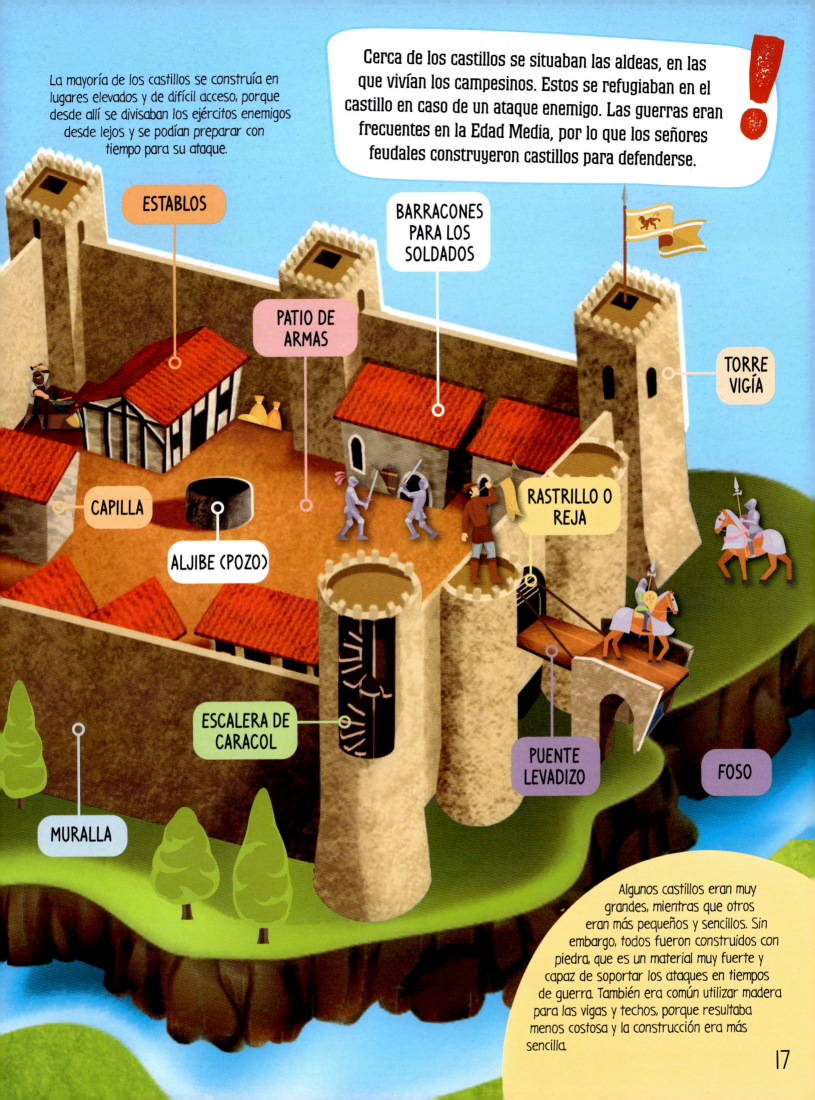

La mayoría de los castillos se construía en lugares elevados y de difícil acceso, porque desde allí se divisaban los ejércitos enemigos desde lejos y se podían preparar con tiempo para su ataque.

Cerca de los castillos se situaban las aldeas, en las que vivían los campesinos. Estos se refugiaban en el castillo en caso de un ataque enemigo. Las guerras eran frecuentes en la Edad Media, por lo que los señores feudales construyeron castillos para defenderse.

ESTABLOS

BARRACONES PARA LOS SOLDADOS

PATIO DE ARMAS

TORRE VIGÍA

CAPILLA

ALJIBE (POZO)

RASTRILLO O REJA

ESCALERA DE CARACOL

PUENTE LEVADIZO

FOSO

MURALLA

Algunos castillos eran muy grandes, mientras que otros eran más pequeños y sencillos. Sin embargo, todos fueron construidos con piedra, que es un material muy fuerte y capaz de soportar los ataques en tiempos de guerra. También era común utilizar madera para las vigas y techos, porque resultaba menos costosa y la construcción era más sencilla.

¿Qué hay bajo la cabeza de un moái ?

Los moáis son estatuas megalíticas con forma humana. Son conocidos como las cabezas de la Isla de Pascua y se han convertido en un icono popular y en el mayor reclamo turístico de la isla. Bajo esas cabezas se encuentra un cuerpo tallado y muchos misterios. ¿Quieres conocer algo más de ellos?

MOÁIS DE RAPA NUI

Más de 900 moáis se encontraron por toda la isla, de los cuales 400 estaban todavía en diferentes fases de construcción. Su significado es incierto, aunque la teoría mayoritaria dice que son representaciones de antepasados que trasladaban así su protección a los descendientes.

Se tallaban directamente en la cantera. Luego se desprendían de la roca por la parte de atrás y se trasladaban hasta su lugar definitivo.

Excepto siete, todos se ubicaron mirando hacia el interior de la isla. Los más pesados se encuentran cerca de las canteras. De hecho, el más grande, y que nunca se llegó a colocar, fue el *Te Tokanga (El gigante)*, que medía 21,65 metros.

Se construyeron entre los años 800 d.C. y 1650 d.C. Posteriormente, muchos de ellos fueron derribados durante guerras tribales.

Los estilos fueron evolucionando con el tiempo, al igual que su tamaño, por lo que se encuentran distintos tipos de moái, como puedes ver en la ilustración. Se cree que su entierro parcial se debió a procesos naturales posteriores.

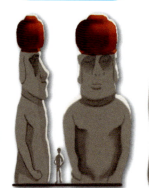

Moái Ahu Tongariki
7 m

Moái Paro
9 m

Moái Rano Raraku
10 m

Moái Ko Te Riku
5 m

Moái Tuturi
3 m

PARTE
VISIBLE

PARTE
ENTERRADA
Presentan la
espalda y el
pecho tallados.

PUKAO
Ornamento de
piedra volcánica
de color rojo.

OJOS
De coral o roca
volcánica. Era lo
último que se ponía.

AHU
Plataforma
ceremonial o
pedestal.

¿CÓMO LOS MOVÍAN?

Hay también muchas dudas acerca de cómo se
pudieron trasladar. La leyenda decía que caminaban hasta
su lugar de destino, aunque varias teorías menos fantasiosas
se han formulado con el paso de los años.

1. Se desplazaban sobre un trineo de troncos arrastrado con
cuerdas.

2. Se ataban a una cuna de madera
movida por un sistema de palanca.

3. Se balanceaban hacia los lados con
cuerdas atadas en la frente.

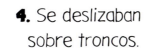

4. Se deslizaban
sobre troncos.

5. Por medio de un balanceo se giraban
sobre su centro con cuerdas.

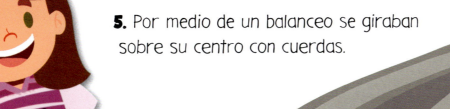

¿Cómo era por dentro un barco pirata?

La piratería es casi tan antigua como la navegación misma. Consiste en atacar otra embarcación en aguas internacionales para hacerse con su botín o incluso con la propia nave. Ya existían piratas en el antiguo Egipto, pero esta actividad alcanzó su máximo esplendor en los siglos XVI, XVII y XVIII. Barbanegra, Anne Bonny, Calico Jack, Mary Read, Ching Shih, Black Bart o William Kidd fueron los piratas más famosos. ¿Sabes cómo eran sus vidas en estos barcos?

BODEGA

Es el área de almacenamiento del barco. Se usaba para almacenar provisiones como agua, alimentos, pólvora... Los suministros se guardaban en barriles y cajas.

PROA
Parte delantera
del barco

Palo de
trinquete

Mascarón
de proa

¿QUÉ COMÍAN?

Para las largas travesías se alimentaban de carne de tortuga, que mantenían vivas en los barcos, colocándolas patas arriba y regándolas con agua de mar. También era popular el salmagundi, un estofado de carnes y verduras.

Ancla

Quilla

Cañón

HAMACAS DE LA TRIPULACIÓN

La mayoría de la tripulación del navío dormía en «coys» o hamacas en los camarotes.

Bandera

Torre de observación

Escalas

Palo mayor

Palo de mesana

Timón

CAMAROTE DEL CAPITÁN

El capitán tenía su camarote privado, con muchos más lujos que los camarotes de la tripulación.

POPA
Parte trasera del barco

CORSARIOS Y BUCANEROS

Los piratas actuaban por su cuenta, mientras que los corsarios eran marinos contratados por los Estados que disponían de una patente de corso o licencia para atacar a barcos enemigos en época de guerra y hacerse con su botín. En el caso de los bucaneros, estos vendían carne a los barcos del Caribe. España les castigó por no pagar impuestos matando a sus animales, y entonces se dedicaron al pillaje. Con el tiempo, este término designó a los piratas del mar Caribe.

¿Cómo era por dentro un barco de vapor ?

Los vapores del Misisipi permitían la navegación segura y eficiente, transportando carga y pasaje en una época en que las comunicaciones fluviales eran vitales para el desarrollo de Estados Unidos. Su silueta inconfundible de altas chimeneas y ruedas de paletas va unida a historias legendarias de la literatura y el cine. Mark Twain nos acercó con sus novelas a sus paisajes, y más tarde lo haría Hollywood.

CABINA DEL TIMÓN

CHIMENEAS

QUILLA

Uno de los grandes avances para la navegación en el siglo XIX fue el primer barco a vapor porque puso fin al uso de las velas y a la dependencia de las condiciones climatológicas para navegar.

CALDERA

CARGA

ÉPOCA DORADA

Robert Fulton lleva sus modelos de barcos a vapor a Estados Unidos e inicia un proyecto para introducir la navegación a vapor en el Misisipi. En 1811 construye el *New Orleans*, que realiza el primer viaje experimental sin pasaje ni carga. Demostró la posibilidad de la navegación a vapor en ríos interiores, pero todavía no podía acceder a zonas con menos profundidad debido a su poca potencia y gran calado. El diseño posterior del capitán Henry Miller Shreve creó el modelo reconocido del vapor de rueda. El primer barco así construido fue el *Washington* y supuso el inicio de la navegación comercial a vapor en el Misisipi. Los vapores comenzaron sus servicios regulares en los años veinte del siglo XIX y entre 1830 a 1850 es su época dorada.

RUEDA

La rueda era grande y estaba equipada con paletas. La energía para mover el barco se generaba con el empuje de estas paletas a través del agua.

SALA DE MÁQUINAS

PALETAS PROPULSORAS

«¿Haría que un barco navegara contra el viento y las corrientes encendiendo una fogata debajo de su cubierta? Le ruego que me excuse, no tengo tiempo para escuchar tales disparates».

Napoleón al inventor estadounidense Robert Fulton, sobre el barco de vapor.

¿Cómo era por dentro el Titanic?

El Titanic, con sus 270 m de longitud, era el barco más grande construido hasta ese momento. Se presentó como «prácticamente» insumergible y acabó siendo famoso por su trágico hundimiento en el viaje inaugural. En la madrugada del 15 de abril de 1912 chocó con un iceberg y, en menos de tres horas, desapareció bajo las gélidas aguas. Unas 1 500 personas perdieron la vida en este suceso.

BOTES SALVAVIDAS

El barco tenía una capacidad para 64 botes salvavidas con una capacidad para 65 personas cada uno, pero tan solo llevaba 20 ubicados a lo largo de la cubierta.

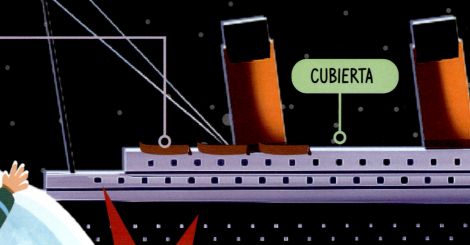

CUBIERTA

CANADÁ

OCÉANO ATLÁNTICO NORTE

REINO UNIDO

IRLANDA

EE.UU.

15 DE ABRIL DE 1912

DÓNDE OCURRIÓ EL ACCIDENTE

El Titanic se hundió a unos 600 km al sur de Terranova. El capitán había dado la orden de cambiar ligeramente el rumbo hacia el sur para sortear la zona de icebergs.

EL ICEBERG

El iceberg tenía una altura de 30 m sobre el nivel del mar y un peso estimado de 200 000 toneladas. Tenía una curvatura en la cima y se extendía por los lados debajo del agua.

TITANIC

CASCO

ICEBERG

Tuvieron que pasar 73 años para localizar los restos del Titanic a una profundidad de 3 784 m. La forma en la que se hundió fue discutida hasta que se encontró partido en dos. Desde su descubrimiento se han recuperado miles de objetos que se exhiben en numerosos museos del mundo.

GRAN ESCALERA

Era para uso exclusivo de los pasajeros de primera clase.

CABINA DE MANDO

CAMAROTES DE LA TRIPULACIÓN

SALAS DE CALDERAS

El Titanic contaba con 29 calderas y 159 hornos, repartidos en 6 salas de calderas. El Titanic tenía la capacidad de transportar 6 611 toneladas de carbón, llevando en su viaje inaugural unos 5 892 toneladas repartidas en 22 almacenes.

CAMAROTES

El Titanic contaba con 70 camarotes de primera clase, 168 de segunda y 297 cabinas compartidas de tercera clase. Tenía capacidad para 3 547 personas.

¿Cómo es por dentro una **nave espacial** tripulada?

La tensión entre Estados Unidos y la Unión Soviética propició una carrera tecnológica espacial. El ruso Yuri Gagarin, en 1961, se convirtió en el primer ser humano en viajar al espacio y orbitar alrededor de la Tierra. En el siglo XXI, son los empresarios con grandes fortunas los que compiten por liderar los viajes espaciales. Quién sabe, ¡a lo mejor acabas conociendo Marte o la Luna!

ALGUNAS CURIOSIDADES

▶ Valentina Tereshkova fue la primera mujer astronauta. En 1973 completó 48 órbitas alrededor de la Tierra.

▶ Los astronautas duermen flotando en el aire. Se mantienen en su lugar sujetos por unas correas. La ausencia de transporte de ondas pone fin al sonido de los ronquidos durante el sueño. Durante los viajes suelen perder masa muscular y ósea y algo de visión. A su vuelta tienen dificultades a la hora de caminar y realizar algunas acciones.

▶ En las naves no se permite ningún alimento granulado como la sal, la pimienta o el azúcar. ¡Imagina el lío que podría organizarse con la microgravedad!

EN ÓRBITA

Las naves espaciales pueden tener diseños variados y necesitan el impulso de un cohete para abandonar la atmósfera terrestre. Los métodos de aterrizaje para regresar a la Tierra se perfeccionan cada día. Llevan motores de retroceso y usan paracaídas para posarse en el océano. También hay modelos con *airbags* inferiores o patas de apoyo.

INTERIOR DEL MÓDULO

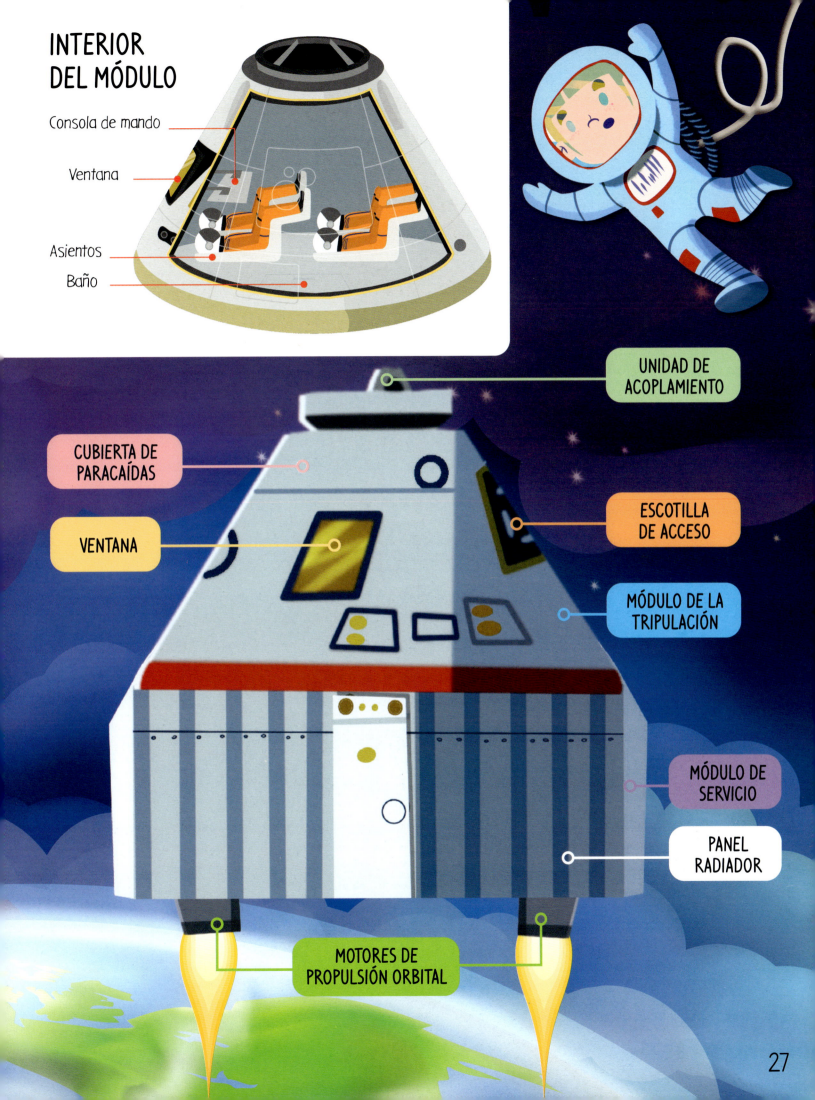

Consola de mando

Ventana

Asientos

Baño

UNIDAD DE ACOPLAMIENTO

CUBIERTA DE PARACAÍDAS

ESCOTILLA DE ACCESO

VENTANA

MÓDULO DE LA TRIPULACIÓN

MÓDULO DE SERVICIO

PANEL RADIADOR

MOTORES DE PROPULSIÓN ORBITAL

¿Cómo es por dentro un satélite artificial?

Un satélite artificial es un objeto fabricado y puesto en órbita por el ser humano. Puede que no seas consciente de que existen, pero los utilizamos a diario cuando consultamos el tiempo, vemos la televisión, nos comunicamos con otros o activamos el GPS. Y son solo algunos ejemplos. Los hay de muchos tamaños y su peso puede ir desde menos de un kilo a varios miles. ¡Actualmente hay más de 8000 en órbita!

Satélite militar

Satélite de navegación

Satélite meteorológico

Satélite de telecomunicaciones

TIPOS DE SATÉLITES

Hay muchos tipos de satélites: militares, de navegación, de comunicaciones, meteorológicos, usados como armas espaciales, para la investigación científica, etc. Se pueden situar en tres tipos de órbita: baja, media o geoestacionaria. La mayoría se encuentran en la baja, entre los 200 y 2000 km de la superficie terrestre, aunque los satélites de comunicación suelen estar en la órbita geoestacionaria, en un punto fijo sobre la Tierra. Están programados para evitar a los meteoritos y no ser destruidos por ellos.

ESTACIÓN ESPACIAL INTERNACIONAL

Es el mayor satélite artificial construido y el laboratorio creado a mayor altura. Se lanzó en 1998 y desde el 2000 está habitada permanentemente. Completa una órbita alrededor de la Tierra cada 90 minutos, así que desde allí se ve amanecer cada hora y media.

BATERÍAS
Acumulan la energía de los paneles solares.

ORDENADOR CENTRAL
Controla el funcionamiento del satélite.

PANELES SOLARES
Captan la energía solar y la convierten en la energía eléctrica que necesita el satélite.

ANTENA
Emite y recibe señales.

MINIPROPULSORES
Corrigen desviaciones en posición y orientación.

SISTEMA DE REFRIGERACIÓN
Mantiene el ordenador a la temperatura adecuada.

Los satélites tienen un tiempo de vida. Cuando acaba, muchos se desintegran y se queman al entrar en la atmósfera. A los más alejados se los intenta enviar a «órbitas cementerio», pero de algunos se pierde el control y pueden provocar colisiones. Los escombros originados por la fragmentación de satélites, por naves que no funcionan o que ya no cumplen una función se convierten en basura espacial. Se estima que más de 40 000 objetos —unas 7 600 toneladas de basura— flotan en el espacio. ¡No dejamos de ensuciar allí donde vamos!

¿Cómo es por dentro un aeropuerto ?

Un aeropuerto internacional es como una ciudad en miniatura por donde transitan un gran número de personas de países y culturas diferentes. Hay pasajeros que pasan mucho tiempo en sus instalaciones, así que están preparados con zonas comerciales y áreas de descanso.

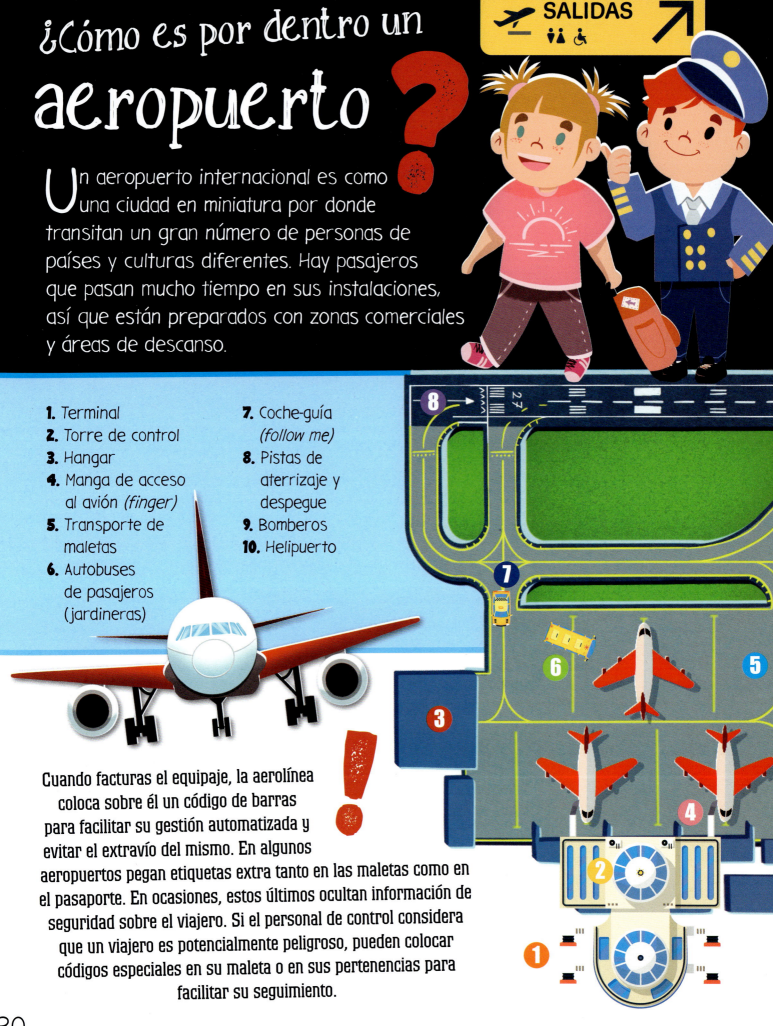

1. Terminal
2. Torre de control
3. Hangar
4. Manga de acceso al avión (finger)
5. Transporte de maletas
6. Autobuses de pasajeros (jardineras)
7. Coche-guía (follow me)
8. Pistas de aterrizaje y despegue
9. Bomberos
10. Helipuerto

Cuando facturas el equipaje, la aerolínea coloca sobre él un código de barras para facilitar su gestión automatizada y evitar el extravío del mismo. En algunos aeropuertos pegan etiquetas extra tanto en las maletas como en el pasaporte. En ocasiones, estos últimos ocultan información de seguridad sobre el viajero. Si el personal de control considera que un viajero es potencialmente peligroso, pueden colocar códigos especiales en su maleta o en sus pertenencias para facilitar su seguimiento.

EN LA TERMINAL

Paneles informativos

Sala de embarque

Recogida de equipajes

Control de pasaportes

Mostradores de facturación

Detector de metales

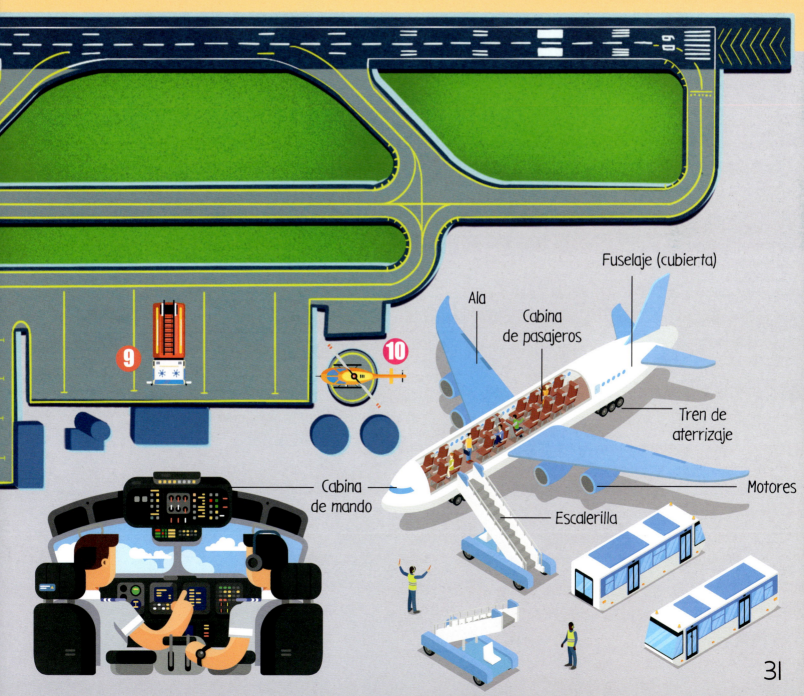

Fuselaje (cubierta)

Ala

Cabina de pasajeros

Tren de aterrizaje

Motores

Cabina de mando

Escalerilla

9

10

¿Cómo es por dentro un dron?

Un dron es un vehículo aéreo no tripulado. Los primeros diseños eran para uso militar, sobre todo en misiones que evitaban poner en riesgo vidas humanas. Su espectacular desarrollo ha permitido que se utilicen en actividades civiles. Hay una gran variedad de modelos, tamaños y con diferentes grados de autonomía.

Entrega de paquetes

Drones deportivos

Hexacóptero

Cuadricóptero

Bricolaje

DRONES POR TIERRA, MAR Y AIRE

Los drones pueden ser aéreos, marítimos o terrestres. Dentro de los aéreos los hay de ala rotatoria, con tres, cuatro, seis u ocho motores que despegan y aterrizan de manera vertical, o de ala fija, que no pueden despegar de manera autónoma y que se mantienen en el aire aprovechando su forma aerodinámica. Si atendemos al método de control, los drones pueden ser de tres tipos: autónomos, de control remoto o monitorizados. Estos últimos realizan ciertas acciones de manera autónoma, pero requieren el control de un piloto.

HÉLICES

Estabilizan el movimiento. La mitad se mueven en el sentido de las agujas del reloj y la otra mitad en sentido contrario.

RECEPTOR GPS

Además de su uso recreativo, algunas de sus aplicaciones son: toma de muestras en ambientes de alta toxicidad, control de incendios, vigilancia de caza furtiva en Parques Nacionales, rescate y búsqueda de personas, vigilancia de volcanes, cartografía y fotografía aérea, elaboración de mapas geológicos, entrega de mercancías, controles de tráfico y uso militar en misiones de seguridad, control fronterizo de narcotráfico y terrorismo e incluso en espionaje.

TRANSMISOR DE VÍDEO

Envía una señal de vídeo al control remoto.

MOTOR

CONTROLADOR DE VELOCIDAD

Uno por motor. Controla la velocidad, la dirección de giro de cada hélice y las luces LED.

CÁMARA

CONTROLADOR DE VUELO

Es el cerebro del dron en el aire. Contiene un giroscopio y un acelerómetro.

TREN DE ATERRIZAJE

¿Cómo es por dentro un tren?

Desde que se creó la primera locomotora a vapor han pasado más de 200 años y muchas son las etapas por las que ha pasado el ferrocarril. Desde finales del siglo xx ha experimentado un desarrollo espectacular. Ya no compite solo con otros transportes terrestres, sino que se ofrece como una alternativa eficaz, en muchos trayectos, a los aviones. ¡Vamos a toda máquina!

Transporte del carbón
Válvulas
Colector de vapor
Chimenea
Horno
Caldera de vapor
Carbón

TREN DE VAPOR: EL ORIGEN

En 1804 se prueba la primera locomotora que se mueve por vapor, pero es en 1829 cuando la locomotora *Rocket* gana un concurso ferroviario transportando un vagón a 39 km/h. El primer tren eléctrico se presentó en la Exposición Universal de Berlín de 1879.

ALTA VELOCIDAD

Francia, en 1981, fue pionera en Europa con sus trenes TGV de alta velocidad. Actualmente tiene el récord de 574,8 km/h en un tramo en pruebas. Las líneas comerciales pueden llegar a los 320 km/h. En España el AVE realizó su primer recorrido en 1992 en la línea Madrid-Sevilla. Actualmente tiene la mayor red de líneas de larga distancia de Europa.

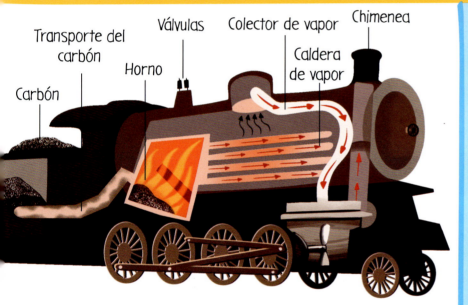

Cafetería
Vagón de pasajeros
Ruedas
Cabina de control
Raíles

Peso

Fuerza magnética

TREN MAGLEV

Tiene un mecanismo basado en un sistema de levitación magnética que hace que los vagones del tren sean impulsados sobre un carril guía, lo que reduce la fricción y permite viajar a mayor velocidad. Emiten niveles más bajos de contaminación acústica. En China, desde el 2004, ya hay una línea operativa entre Shangái y el aeropuerto y ya ha presentado un nuevo modelo ¡que puede alcanzar los 600 km/h!

TRENES BALA

En 1964, Japón fue el país pionero en alta velocidad con sus trenes bala que alcanzaban los 200 km/h y conectaron Tokio y Osaka. Los nuevos modelos alcanzan los 360 km/h y están preparados para suplir un corte de energía eléctrica en caso de terremoto. También se ha presentado ya un modelo autopilotado.

TRENES COLGANTES

El tren colgante de Wuppertal en Alemania, inaugurado en 1901, es el monorriel más antiguo del mundo. Se desplaza 8 metros por encima de las calles de la ciudad. China acaba de presentar al *Xingguo*, ¡el primer tren colgante de levitación electromagnética!

¿Cómo son por dentro los teléfericos y los funiculares?

Están diseñados para superar grandes desniveles del terreno. Los teléfericos van por el aire y pueden cruzar ríos y acantilados. Los funiculares ascienden por laderas de montañas. Ambos se mueven gracias a la tracción de un cable que se acciona por motores. Y tienen algo más en común: ¡las vistas espectaculares!

¿QUÉ ES UN TELEFÉRICO?

El teléfico es un medio de transporte que utiliza cabinas con capacidad para llevar un grupo de personas. Estas cabinas viajan suspendidas en el aire transportadas por uno o varios cables. Se usa para salvar grandes diferencias de altura,

POLEAS

CABLE

CABINA

PILONAS O TORRES

¿Y QUÉ ES UN FUNICULAR?

Un funicular está formado por dos trenes (en principio eran vagonetas de carbón) unidos por un cable. Los dos circulan sobre una acusada pendiente por una vía única con una vía de cruce en el centro del recorrido. La fuerza de gravedad del que baja sirve para tirar del que sube.

El funicular suizo Stoosbahn (2017) es uno de los más modernos, originales y el más empinado del mundo. Tiene pendientes que alcanzan el 110 % y salvan un desnivel de 740 m. Recorre sus casi dos kilómetros en apenas cuatro minutos. Cuenta con un diseño totalmente innovador. Sus cabinas cilíndricas oscilan durante el trayecto para que los pasajeros siempre se mantengan con la misma inclinación. Si no fuera así, ¡vaya vértigo!

Funicular Stoosbahn (Suiza)

EL TELEFÉRICO MÁS LARGO

Parque nacional Zhangjiajie, en China. Tiene 7455 m y llega hasta la montaña Tianmen. En la cumbre se encuentra la cueva natural más alta del planeta, Puerta del Cielo.

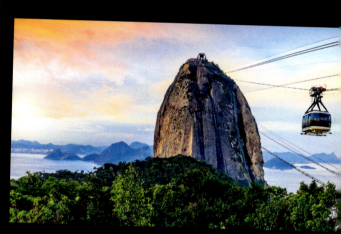

EL TELEFÉRICO MÁS TURÍSTICO

Río de Janeiro, en Brasil. Llega hasta el Pan de Azúcar, el pico más conocido de la ciudad. Se inauguró en 1912 y desde él se puede ver toda la urbe.

EL TELEFÉRICO MÁS BAJO Y «DESÉRTICO»

Masada, en Israel. Asciende sobre una impresionante llanura desértica cerca del mar Muerto. Su punto más alto está a 33 m sobre el nivel del mar. Conecta con la fortaleza de Masada, Patrimonio de la Humanidad y antiguo Palacio de Herodes.

¿Cómo es por dentro un automóvil?

La historia del automóvil está llena de interesantes historias y de hitos tecnológicos. ¿Quieres conocer algo de la impresionante evolución automovilística?

 **LÍNEA DEL TIEMPO**

1 Vehículo de Cugnot de 1769 impulsado por vapor.

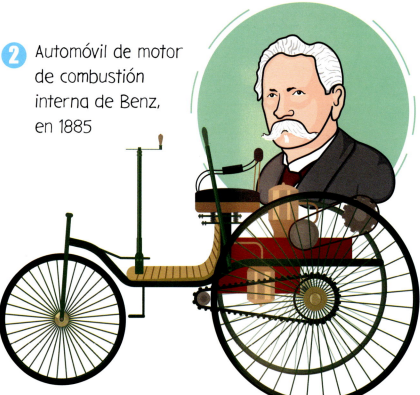

2 Automóvil de motor de combustión interna de Benz, en 1885

3 Producción en serie del modelo T de Ford, que comenzó en 1908 y popularizó el uso del automóvil.

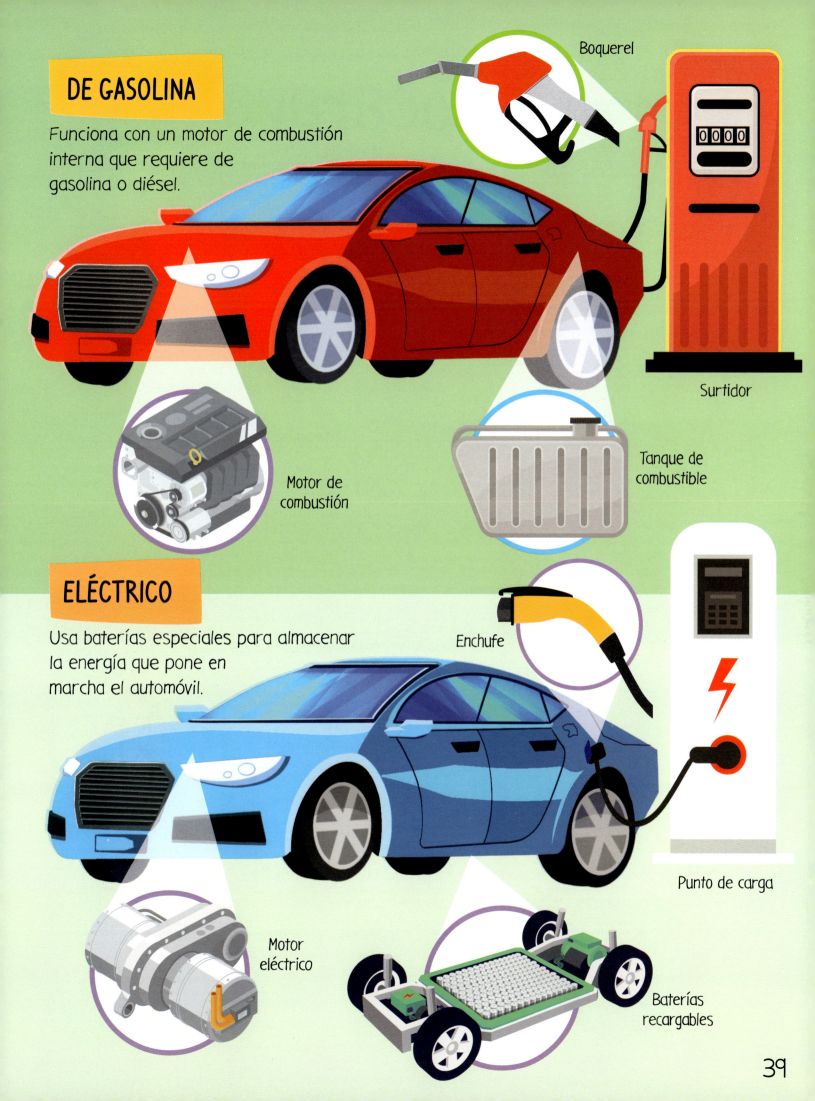

DE GASOLINA

Funciona con un motor de combustión interna que requiere de gasolina o diésel.

Boquerel

Surtidor

Motor de combustión

Tanque de combustible

ELÉCTRICO

Usa baterías especiales para almacenar la energía que pone en marcha el automóvil.

Enchufe

Punto de carga

Motor eléctrico

Baterías recargables

¿Cómo es por dentro una autocaravana?

Una autocaravana cumple la doble función de automóvil y vivienda. Permite viajar con una casa a cuestas y todas las estancias están agrupadas en el interior del habitáculo. Poco a poco su demanda se ha incrementado. Hay muchos modelos:. ¡vamos a hacer un recorrido por los más llamativos!

MODELO CONVENCIONAL

Mide entre 5 y 7 m de longitud y poco más de 2 m de ancho. Dispone de todas las estancias y presenta total autonomía.

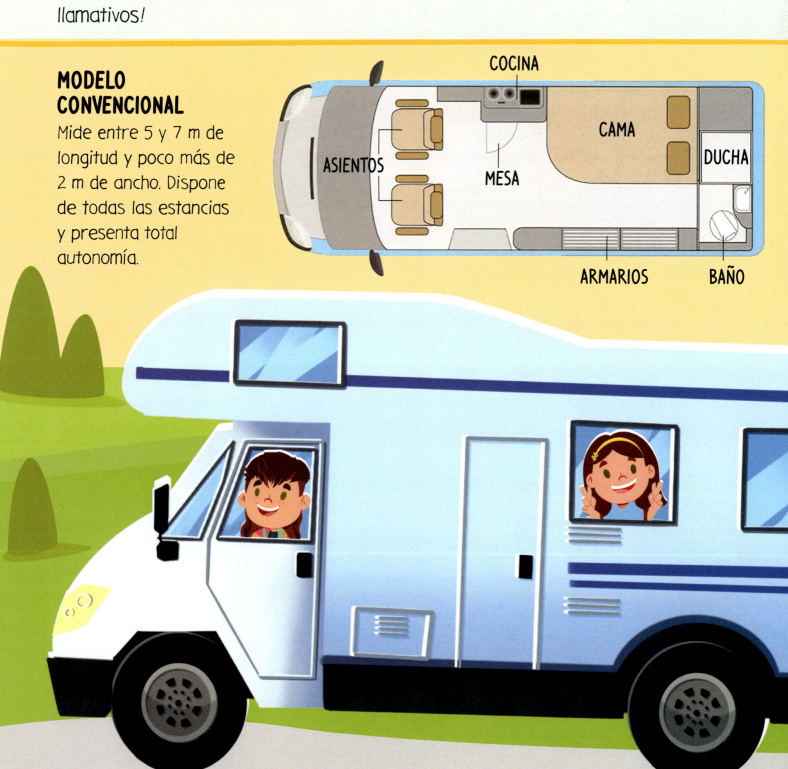

COCINA

CAMA

DUCHA

ASIENTOS

MESA

ARMARIOS

BAÑO

CARAVANA, CÁMPER Y AUTOCARAVANA

A veces estos tres términos se utilizan como sinónimos, pero hay diferencias entre estos vehículos.

▶ La caravana necesita ser remolcada, precisa de un camping para pernoctar y es más compleja de conducir, aunque te permite dejar el remolque aparcado y moverte con libertad en el automóvil.

▶ Si hablamos de una cámper, nos referimos a una furgoneta cuya parte trasera se ha adaptado para poder vivir en ella. Es la más fácil de conducir, aunque el espacio interior es más limitado y los servicios de cocina y baño se complican.

▶ La autocaravana dispone de motor y es independiente en sí misma. Se puede pernoctar en cualquier sitio en el que esté permitido aparcar.

¿Cómo es por dentro una ambulancia

Empezaron siendo un servicio médico que se prestaba en guerras y que transportaba heridos en camillas. Londres fue la primera ciudad que utilizó ambulancias para trasladar pacientes civiles en la epidemia de cólera de 1832 y en 1966 se pusieron en servicio las primeras ambulancias medicalizadas. ¡Muchos han sido los avances y las vidas salvadas!

En la Primera Guerra Mundial la Cruz Roja utilizó ambulancias motorizadas para trasladar a los heridos.

UN POCO DE HISTORIA

La historia de la ambulancia siempre ha estado unida a conflictos bélicos. Larrey, jefe de cirujía de la Guardia Imperial de Napoleón, ideó un sistema para evacuar heridos durante la batalla. Este carruaje tirado por caballos se considera la primera ambulancia. Hasta el siglo xx las ambulancias eran movidas por caballos.

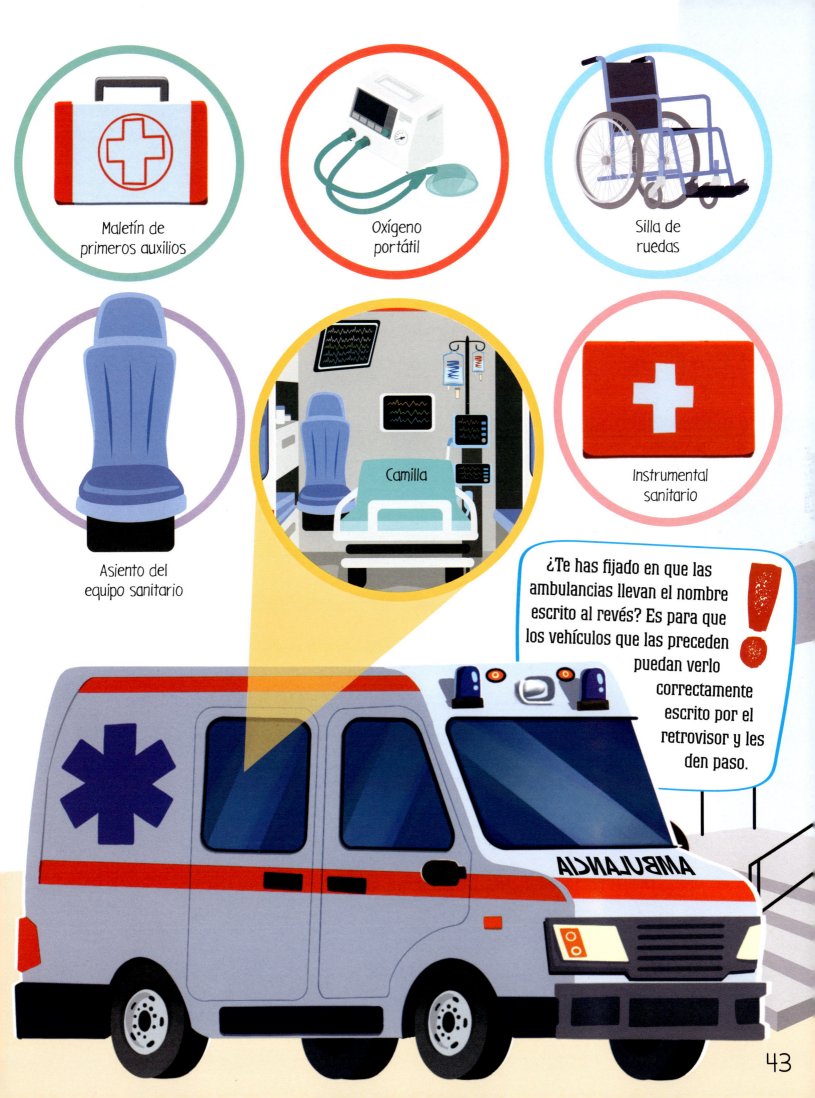

Maletín de primeros auxilios

Oxígeno portátil

Silla de ruedas

Asiento del equipo sanitario

Camilla

Instrumental sanitario

¿Te has fijado en que las ambulancias llevan el nombre escrito al revés? Es para que los vehículos que las preceden puedan verlo correctamente escrito por el retrovisor y les den paso.

AMBULANCIA

¿Cómo es por dentro un parque de bomberos?

Estas instalaciones albergan los vehículos y todo el equipamiento del cuerpo de bomberos. En las más grandes existen estancias para su entrenamiento y descanso. Disponen de un sistema de alarma inmediata que salta cuando se produce un incidente que requiera de su asistencia. El exterior está marcado con señales de tráfico para que puedan salir rápidamente en caso de emergencia. Los bomberos actúan en incendios, inundaciones y tareas de rescate. ¿Sabes qué llevan en sus camiones?

Manguera

Pala

Casco

Hacha

Máscara

Guantes

Hasta la llegada del motor de explosión, los coches de bomberos iban tirados por caballos. Llevaban una bomba de vapor para que el agua alcanzara la mayor altura posible.

Cuando reciben una llamada, ¡todo el mundo se pone en marcha en el parque de bomberos!

PARQUE DE BOMBEROS

VESTUARIOS

DUCHAS

GIMNASIO

CAMIONES

POSTE

COCINA

SALA DE DESCANSO

AULA

45

¿Cómo es por dentro una estación de metro?

Desde que Londres inaugurara su primer túnel de metro a mediados del siglo XIX, las grandes ciudades de 56 países han construido 180 redes complejas y kilométricas bajo sus suelos que ayudan a recorrer las grandes distancias de sus urbes y que han servido también como refugio en épocas de guerra. ¿Quieres conocer cómo son y lo que esconden en sus túneles?

TÚNEL

VÍA

PASAMANOS

PUERTAS DE ACCESO

ASIENTOS

El metro de Nueva York tiene 468 estaciones que están abiertas las 24 horas del día. Es la ciudad del mundo con el número más elevado de estaciones, aunque el metro más extenso es actualmente el de Pekín, con casi 800 km de recorrido.

VAGÓN

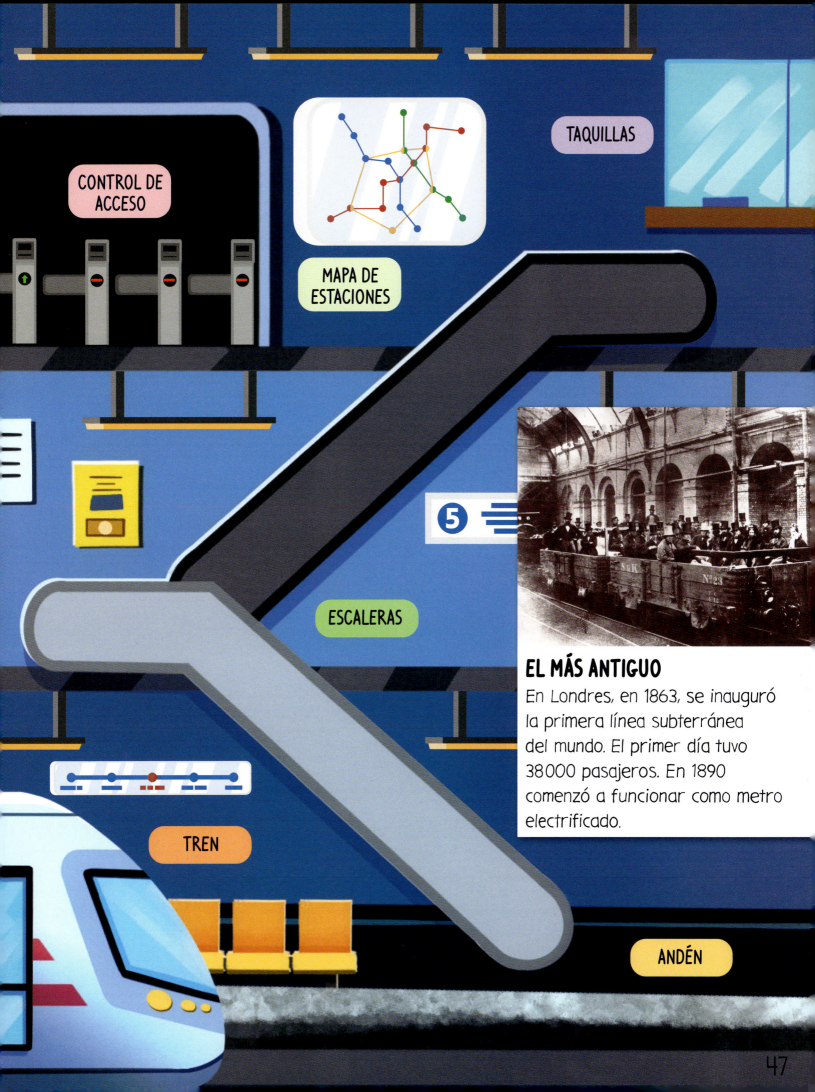

CONTROL DE ACCESO

MAPA DE ESTACIONES

TAQUILLAS

ESCALERAS

EL MÁS ANTIGUO

En Londres, en 1863, se inauguró la primera línea subterránea del mundo. El primer día tuvo 38000 pasajeros. En 1890 comenzó a funcionar como metro electrificado.

TREN

ANDÉN

¿Cómo es por dentro un submarino?

Desde la creación del submarino, a finales del siglo XIX, su aplicación ha sido fundamentalmente militar. Pero ahora también se usa para estudiar el fondo de los océanos, localizar barcos hundidos o realizar operaciones de rescate. ¿Nos sumergimos?

Los submarinos actuales pueden permanecer por largos periodos bajo el mar porque cuentan con equipos de reciclado de aire y producen agua potable a partir de la destilación del agua de mar.

TIMÓN

CASCO

ESCOTILLA

CAMAROTES DE TRIPULACIÓN

HÉLICE

SALA DE MÁQUINAS

REACTOR NUCLEAR

El primer prototipo de máquina sumergible se remonta a 1620. Cornelius Drebbel construyó en Inglaterra esta nave de madera cubierta de cuero que recibía oxígeno del exterior por medio de unos tubos abiertos en superficie. Lo sumergió en el Tamésis y 12 remeros fueron su tripulación.

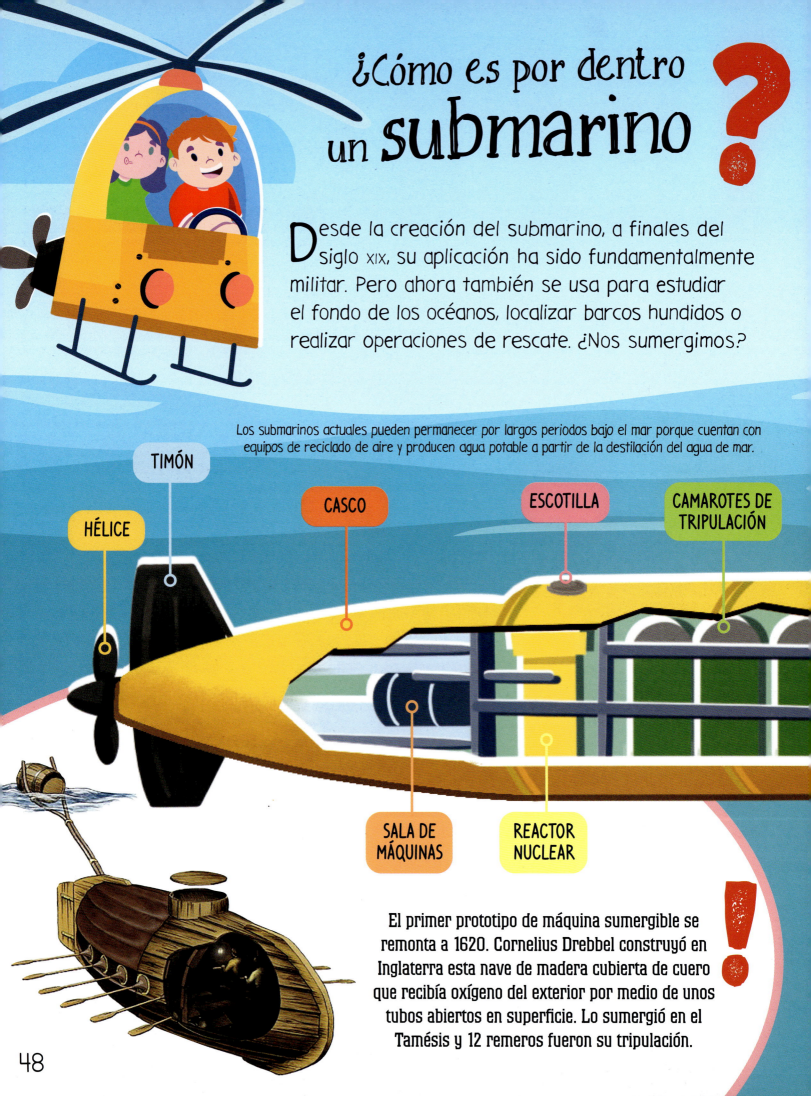

CÓMO FUNCIONA

Los submarinos tienen unos depósitos (tanques o lastres) que pueden llenarse de agua o vaciarse con unas bombas. Cuando los depósitos están llenos de aire, el empuje del agua sobre el submarino es mayor que el peso, y el submarino flota. Si los tripulantes quieren sumergir el submarino, inundan de agua los tanques para que peso del submarino gane al empuje y el submarino se sumerja.

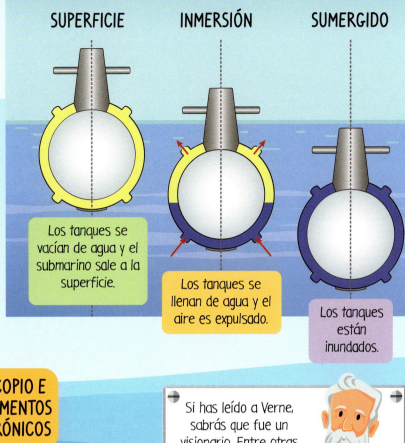

SUPERFICIE

Los tanques se vacían de agua y el submarino sale a la superficie.

INMERSIÓN

Los tanques se llenan de agua y el aire es expulsado.

SUMERGIDO

Los tanques están inundados.

PERISCOPIO E INSTRUMENTOS ELECTRÓNICOS

TORRETA

SALA DE CONTROL

SALA DE MISILES Y TORPEDOS

SONAR

Si has leído a Verne, sabrás que fue un visionario. Entre otras cosas, el escritor francés describió submarinos ¡antes de que existieran!

¿QUÉ ES EL SONAR?

Este dispositivo es como los ojos de un submarino. Envía pulsos de ondas de sonido a través del agua. Cuando estos pulsos golpean objetos como peces, vegetación o el fondo, se reflejan de nuevo en la superficie. El dispositivo de sonar mide el tiempo que tarda la onda de sonido en bajar, golpear un objeto y luego rebotar.

¿Cómo es por dentro un rascacielos ?

En el comienzo del siglo XXI se han inaugurado los edificios más altos de la historia. El fenómeno rascacielos se ha ido extendiendo por todo el mundo, especialmente en países como China o los Emiratos Árabes Unidos. ¡Hay una auténtica competición por llegar a las alturas!

LOS MÁS ALTOS
(2023)

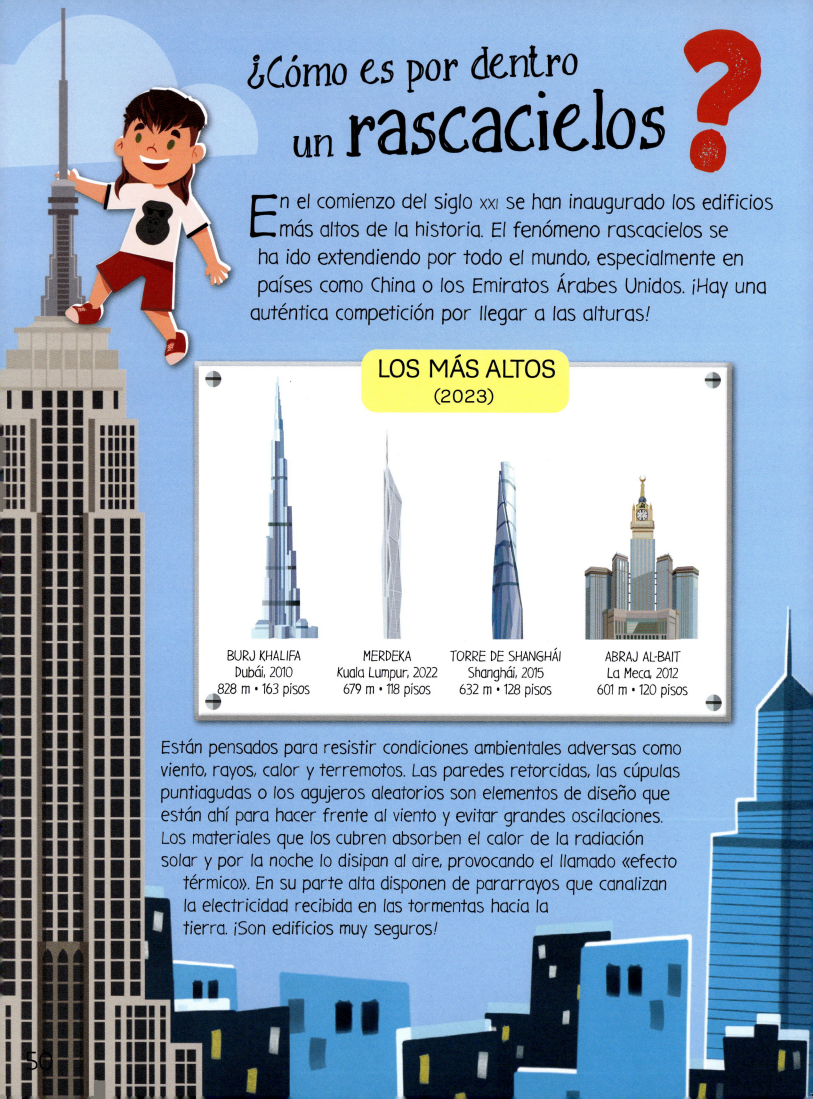

BURJ KHALIFA
Dubái, 2010
828 m • 163 pisos

MERDEKA
Kuala Lumpur, 2022
679 m • 118 pisos

TORRE DE SHANGHÁI
Shanghái, 2015
632 m • 128 pisos

ABRAJ AL-BAIT
La Meca, 2012
601 m • 120 pisos

Están pensados para resistir condiciones ambientales adversas como viento, rayos, calor y terremotos. Las paredes retorcidas, las cúpulas puntiagudas o los agujeros aleatorios son elementos de diseño que están ahí para hacer frente al viento y evitar grandes oscilaciones. Los materiales que los cubren absorben el calor de la radiación solar y por la noche lo disipan al aire, provocando el llamado «efecto térmico». En su parte alta disponen de pararrayos que canalizan la electricidad recibida en las tormentas hacia la tierra. ¡Son edificios muy seguros!

ANTENA
Su luz se ve a 95 km de distancia.

ESTRUCTURA TORRES
Cada columna tiene un núcleo de hormigón armado.

ASCENSORES
Hay 57.

PLANTAS MECÁNICAS
Dan servicio a los pisos superiores, como aire acondicionado, sistema de comunicaciones, etc.

MIRADOR
En la planta 124.

VIVIENDAS RESIDENCIALES
Más de 700.

HOTEL ARMANI
175 suites y 160 apartamentos

BURJ KHALIFA

Si colocáramos dos Empire State, uno encima del otro, todavía nos faltarían metros para llegar a lo alto de este rascacielos. La estructura del Burj Khalifa parte de la forma geométrica de la flor *Hymenocallis*, propia de la región, la cual se compone de seis pétalos. Sin embargo, para el concepto del edificio se concibe como una flor de tres pétalos. El rascacielos más impresionante hasta la fecha y ¡se inspira en la delicadeza de una flor!

BURJ KHALIFA	EMPIRE STATE
828 m	381 m

Hymenocallis

PISCINAS
En la planta 76.

ANCLAJE
192 pilotes de unos 50 m de profundidad y 1,5 m de diámetro soportan un basamento de hormigón.

¿Cómo es por dentro un ascensor?

6 ▲

Un ascensor o elevador es un sistema de transporte vertical, diseñado para mover personas u objetos entre los diferentes niveles de un edificio o estructura. Muchos edificios, como los rascacielos, no se habrían podido construir sin contar con los ascensores. ¿Te has parado a pensar qué sabes de ellos?

▶ EL MÁS RÁPIDO

El rascacielos CTF Finance Centre de Guangzhou, en China, cuenta con el ascensor más rápido del mundo. Alcanza una velocidad de 75 km/h. En solo 43 segundos baja desde la planta 95. Su tecnología es muy avanzada y dispone de sistemas que minimizan las vibraciones y regulan la presión para no dañar los oídos.

▶ EL MÁS VERSÁTIL

Multi es el nombre del primer ascensor sin cables del mundo. Se desplaza tanto en vertical como en horizontal y funciona por levitación magnética. Reduce el tiempo de espera de los pasajeros a 15-30 segundos y ocupa menos espacio. Eso sí, está diseñado para edificios de al menos 300 m de altura.

▶ EL MÁS ALTO

El ascensor exterior más alto del mundo está en el parque forestal Zhangjiajie, en China, y cuenta con 326 metros de altura. El viaje dura 88 segundos y permite contemplar los paisajes que inspiraron la película *Avatar*, de James Cameron. El debate está servido: ¿qué debería haber tenido prioridad, el turismo o la naturaleza?

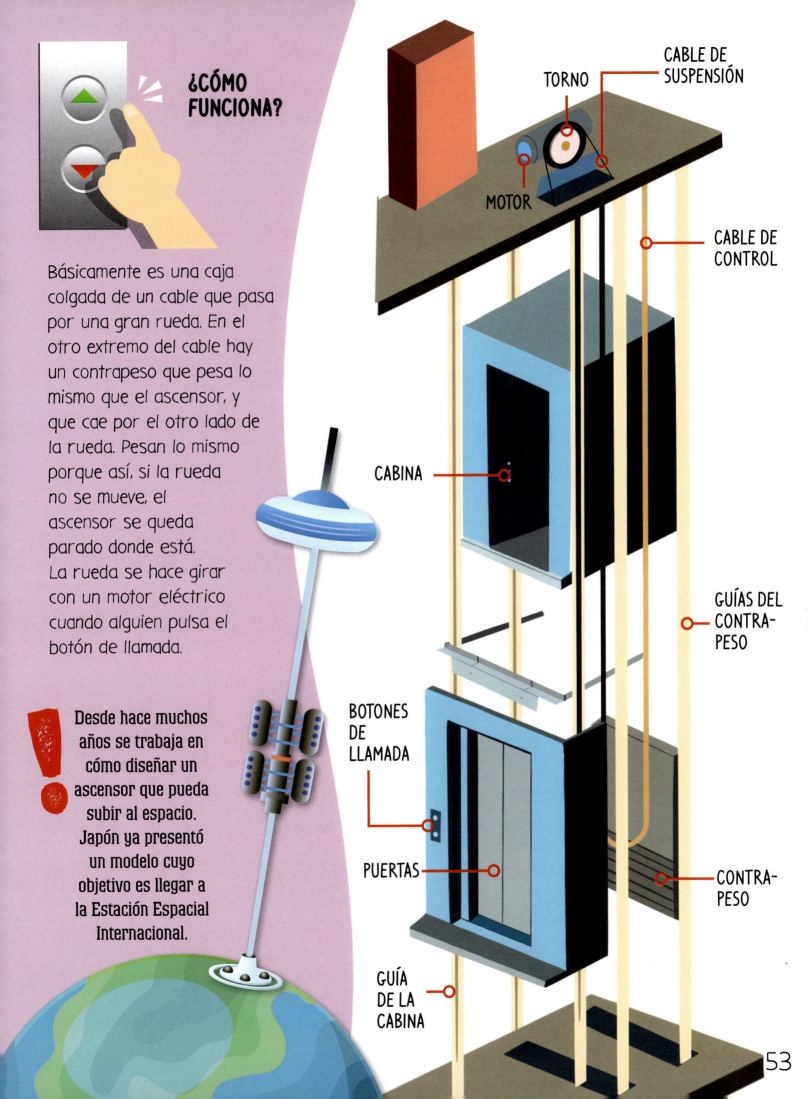

¿CÓMO FUNCIONA?

Básicamente es una caja colgada de un cable que pasa por una gran rueda. En el otro extremo del cable hay un contrapeso que pesa lo mismo que el ascensor, y que cae por el otro lado de la rueda. Pesan lo mismo porque así, si la rueda no se mueve, el ascensor se queda parado donde está. La rueda se hace girar con un motor eléctrico cuando alguien pulsa el botón de llamada.

Desde hace muchos años se trabaja en cómo diseñar un ascensor que pueda subir al espacio. Japón ya presentó un modelo cuyo objetivo es llegar a la Estación Espacial Internacional.

TORNO

CABLE DE SUSPENSIÓN

MOTOR

CABLE DE CONTROL

CABINA

GUÍAS DEL CONTRA-PESO

BOTONES DE LLAMADA

PUERTAS

CONTRA-PESO

GUÍA DE LA CABINA

¿Cómo es por dentro una casa?

La arquitectura de las casas ha ido cambiando con el paso de los siglos. Cada época histórica y cultural ha tenido diferentes tipos de construcciones destinadas a la vivenda. El clima, el espacio disponible y el poder adquisitivo han dado origen también a diseños muy variados y con estilos muy diferentes...

Las primeras casas surgieron aproximadamente en el año 10 000 a.C. La primera casa hecha sobre el suelo está en Alemania y era de yeso. Antes, el hombre vivía en cuevas y bajo los árboles, y se resguardaba solo cuando era necesario.

BUHARDILLA

SISTEMA DE CALEFACCIÓN

SEGUNDA PLANTA

DORMITORIO

BAÑO

DESPACHO

PRIMERA PLANTA

SALÓN

ENTRADA

COCINA

JARDÍN

SÓTANO

CONTADORES

CUARTO DE LAVADO

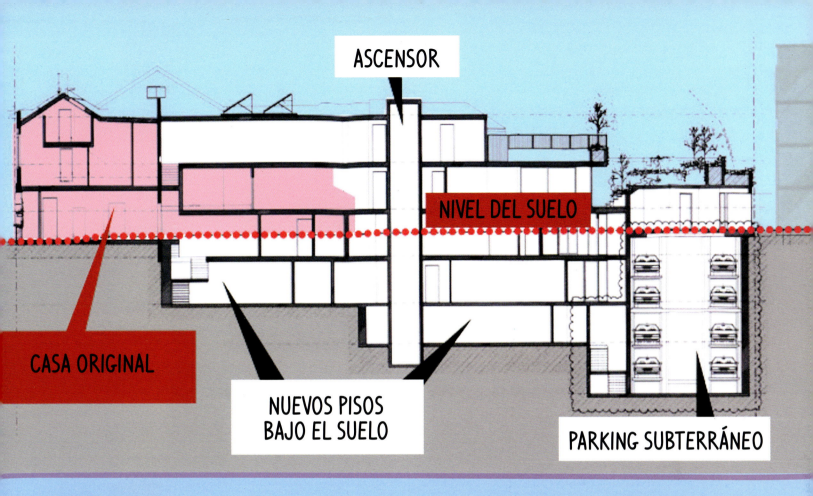

ASCENSOR

NIVEL DEL SUELO

CASA ORIGINAL

NUEVOS PISOS
BAJO EL SUELO

PARKING SUBTERRÁNEO

CASAS ICEBERG

En las grandes ciudades es difícil poder ampliar la vivienda. En Londres, algunas casas situadas en barrios de lujo han encontrado la solución construyendo en el subsuelo. Aparentemente son casas normales, pero albergan otra mansión en sus sótanos. Son conocidas como las «casas iceberg». Ciudades como Nueva York y Hong Kong también tienen construcciones de este tipo.

TERRAZA

GARAJE

EN LOS ÁRBOLES

Estas casas están hechas para colgarlas de los árboles gracias a unos cables. Se accede por una escalera de caracol y un pequeño puente.

BAJO EL SUELO

Hay viviendas que no se levantan, sino que se excavan, como las casas subterráneas. Conservan mejor el calor en invierno y el fresco en verano.

AGUAS RESIDUALES

¿Cómo es por dentro una imprenta?

Gracias a la imprenta tienes este libro en tus manos. Desde los primeros procesos de impresión realizados en China pasaron muchos años hasta que, a mediados del siglo xv, Gutenberg inventó una máquina que permitió hacer un mayor número de copias de los libros y difundir así la cultura más allá de los monasterios. Este acontecimiento supuso una auténtica revolución histórica y cultural. Los modelos fueron evolucionando hasta llegar a las imprentas actuales. Vamos a descubrir cómo funcionan y alguno de sus secretos.

ANTES...

LA IMPRENTA

A mediados del siglo xv Johannes Gutemberg se propuso hacer una copia de la *Biblia* en un tiempo mucho menor de lo que tardaba un monje copista en hacerlo a mano, que era como se duplicaban los libros en esa época..

Confeccionó moldes de madera de cada una de las letras y posteriormente rellenó los moldes con plomo, creando los primeros tipos móviles, y como plancha de impresión amoldó una vieja prensa de vino.

¡Acababa de inventar la imprenta!

TORNILLO

PRENSA

BARRA

CAJA O GALERA

BASTIDOR

COFRE

La primera gran obra impresa por Gutenberg fue la Biblia. Tenía 1000 páginas y se imprimieron 186 ejemplares. A lo largo de la historia, la Biblia es el título que ostenta el récord de copias realizadas, ya que supera los 5000 millones de ejemplares. ¡Una barbaridad!

... Y AHORA

LA IMPRESIÓN OFFSET

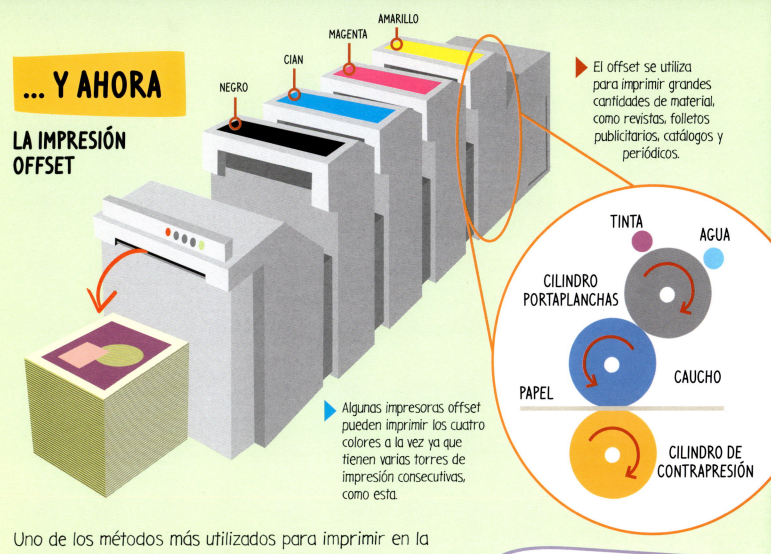

NEGRO
CIAN
MAGENTA
AMARILLO

El offset se utiliza para imprimir grandes cantidades de material, como revistas, folletos publicitarios, catálogos y periódicos.

TINTA
AGUA
CILINDRO PORTAPLANCHAS
PAPEL
CAUCHO
CILINDRO DE CONTRAPRESIÓN

Algunas impresoras offset pueden imprimir los cuatro colores a la vez ya que tienen varias torres de impresión consecutivas, como esta.

Uno de los métodos más utilizados para imprimir en la actualidad es el offset, que funciona así:

1 Primero hay que descomponer la imagen en cuatro colores, según el modo CMYK (cian, magenta, amarillo y negro), que son las cuatro tintas que se utilizarán para conseguir la imagen final.

2 Luego, se graba la imagen sobre las placas de metal. Se utilizarán cuatro planchas, una para cada color.

3 Las planchas pasan, a continuación, por una serie de rodillos. Unos son mojadores y aplican agua sobre las áreas de la imagen que no necesitan tinta. Y los otros son entintadores: aplican la tinta en la zona que corresponde. La imagen se transfiere entonces de la placa a los cilindros de caucho, que son los que se encargan de imprimir la imagen en el papel.

El libro de mayor tirada en su primera edición, con 12 millones de ejemplares, es «Harry Potter y las Reliquias de la Muerte», de J.K. Rowling, publicado en 2007 y que se convirtió en el libro más vendido de la historia en el día de su lanzamiento, con más de 8 millones de copias vendidas en Estados Unidos y más de 2 millones y medio en Reino Unido.

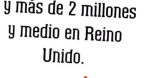

¿Puede haber algo dentro de un cuadro?

Gracias a la radiografía de una obra de arte se puede obtener información sobre el estado de la obra, la técnica artística del pintor y la composición original o arreglos que se hayan realizado a lo largo del proceso. ¡Cuántos secretos habrá bajo los lienzos!

LOS SECRETOS DE DA VINCI

La dama del armiño esconde un secreto. Muchas obras pasan por diferentes etapas antes de ser acabadas. Al analizar esta de Leonardo da Vinci se vio que en su versión original la mujer tenía los brazos ligeramente cruzados, pero no sostenían un armiño. Este aparece en una versión posterior y se engrandece su imagen en la versión final. Se cree que el armiño hace referencia al duque Ludovico Sforza, un mecenas de Da Vinci. La mujer en la pintura es Cecilia Gallerani, amante de Sforza. Los historiadores teorizan que el armiño final, más grande, se mejoró para adular al mecenas.

▲ *La dama del armiño*, Leonardo da Vinci, 1490.

58

LA DOBLE VIDA DE VAN GOGH

A causa de la falta de medios económicos, Van Gogh tuvo que reutilizar algunos de sus lienzos, hay quien dice que hasta un tercio de sus obras de juventud. Bajo su cuadro *Parche de hierba*, se esconde un elaborado rostro de mujer. Otro caso fue el de la obra *Naturaleza muerta floral con amapolas y rosas*, cuya autoría estaba en entredicho. El descubrir debajo a dos hombres semidesnudos peleando, que concuerda con lo que Van Gogh describió a su hermano Theo en una carta, permitió confirmar su autoría.

▲ *Parche de hierba*, Vincent van Vogh, 1887.

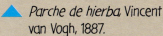

◀ *Naturaleza muerta floral con amapolas y rosas*, Vincent van Gogh, 1886.

▼ *La habitación azul*, Pablo Picasso, 1901.

LO QUE PICASSO ESCONDE

La habitación azul esconde el retrato de un hombre del que se desconoce su identidad. En el cuadro *La vie* se ve a Carlos Casagemas, amigo de Picasso, junto con su amante Germaine. Al analizar la obra se observó que la cara del amante fue primero la del propio Picasso, que había tenido un romance con ella anteriormente.

La vie, Pablo Picasso, 1903. ▶

¿Cómo es por dentro una televisión?

Las pantallas de televisión han evolucionado mucho desde los modelos de tubos catódicos. Pantallas de plasma, LCD, LED y OLED se han colado en nuestros hogares. También su tamaño ha cambiado desde los primeros diseños que se integraban en el mobiliario a las gigantescas pantallas que cubren las paredes. ¡Una gran revolución visual!

PANTALLA LED

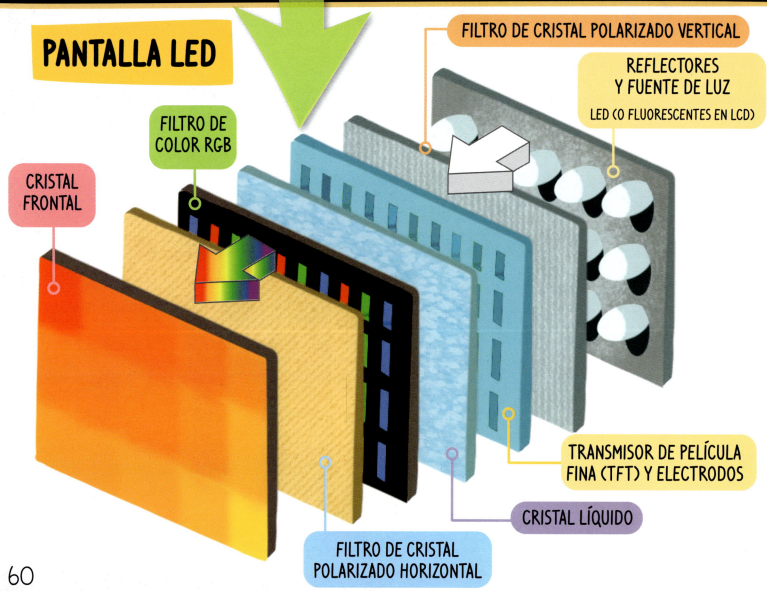

FILTRO DE CRISTAL POLARIZADO VERTICAL

REFLECTORES Y FUENTE DE LUZ

LED (O FLUORESCENTES EN LCD)

FILTRO DE COLOR RGB

CRISTAL FRONTAL

TRANSMISOR DE PELÍCULA FINA (TFT) Y ELECTRODOS

CRISTAL LÍQUIDO

FILTRO DE CRISTAL POLARIZADO HORIZONTAL

PANTALLAS OLED

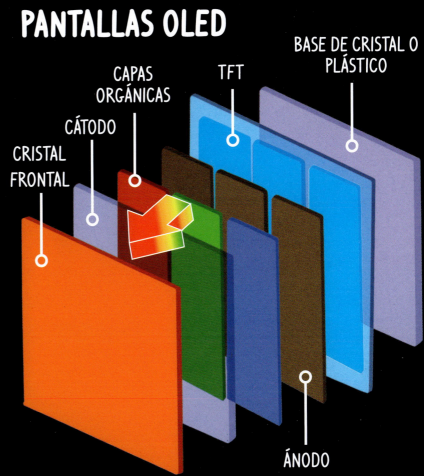

CRISTAL FRONTAL

CÁTODO

CAPAS ORGÁNICAS

TFT

BASE DE CRISTAL O PLÁSTICO

ÁNODO

TODO POR UN PÍXEL

El principio básico de funcionamiento de un televisor son los pequeños puntos de luz producidos en la pantalla. Son los píxeles. Un píxel está formado por tres subpíxeles: uno rojo, uno verde y uno azul, lo que también se conoce como RGB. Estos tres subpíxeles se iluminan y se atenúan de un modo determinado para crear en la pantalla la ilusión de los colores. El televisor muestra estos patrones de puntos lumínicos que componen un fotograma cientos de veces por segundo, más rápido de lo que el ojo humano puede captar, dando la sensación de movimiento continuo al ver una secuencia de fotogramas.

La tecnología sigue avanzando y se busca mejorar cada vez más la nitidez y el brillo de la imagen. En el modelo de pantalla OLED se ha prescindido de la fuente de luz posterior y de los filtros polarizadores. La electricidad pasa a través de la capa orgánica y cada píxel genera su propia luz en azul, verde o rojo. Cada uno se puede además apagar o encender, por eso los negros son más puros y se ven mejor que en la pantalla LED.

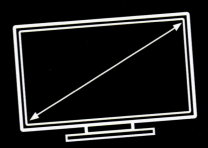

Los televisores continúan evolucionando sin descanso y el tamaño de las pantallas es cada vez más grande. Si quieres saber cuántas pulgadas tiene tu tele, mide la diagonal en centímetros y divide entre 2,54. ¿Lo tienes?

¿Cómo es por dentro un *smartphone*?

Lo llevamos todo el día encima y nos resulta difícil vivir sin él. Es casi una prolongación de nuestro cuerpo. Hace 50 años se logró por primera vez hacer una llamada desde un aparato móvil. Desde entonces se han ido agregando múltiples funcionalidades hasta llegar a los teléfonos inteligentes (*smartphone*) actuales. ¿Hasta dónde nos llevarán en los próximos años?

UN POCO DE HISTORIA

1 UNA LLAMADA

El 3 de abril de 1973, Martin Cooper llamó al jefe de su competencia para contarle que lo habían logrado: «¿Adivinas desde dónde te estoy llamando? ¡Desde un verdadero teléfono celular!». El móvil desde el que llamó pesaba un kilo y tenía una autonomía de media hora. Fue el primer teléfono móvil de la historia.

▲ Martin Cooper.

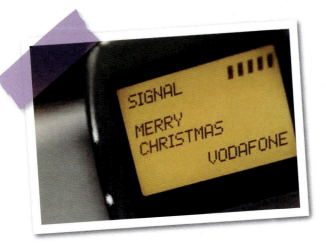

2 UN SMS

El 3 de diciembre de 1992, el programador Neil Papworth enviaba este sencillo texto a su amigo: «Merry Christmas». Hasta 1999 no se lanzó de forma definitiva este servicio de mensajería de pago, pero estos pocos caracteres se han convertido en el mensaje más caro de la historia al subastarse por 107 000 euros.

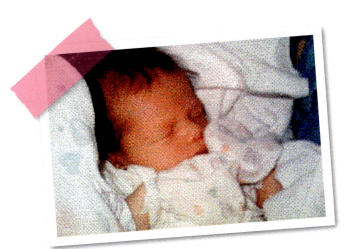

El Apolo 11, la nave que llevó a los primeros hombres que pisaron la Luna en 1969, contaba con la tecnología más avanzada de la época y supuso un hito científico y tecnológico. Pero los ordenadores de la nave tenían menos potencia que cualquier teléfono inteligente actual. ¿Te lo imaginabas?

3 UNA FOTO

El 11 de junio de 1997, el ingeniero Philippe Kanh quiso compartir con sus allegados el nacimiento de su hija. Decidió conectar su cámara digital con su móvil usando los cables de audio del coche. Esta imagen fue la primera que combinó una imagen digital, un móvil y transmisión dentro de un entorno no profesional.

¿CÓMO ES POR DENTRO?

Existen 3 300 millones de móviles activos en el mercado. ¡Casi 1 por cada 2 habitantes del planeta!

CÁMARA FRONTAL

PANTALLA TÁCTIL

BLUETOOTH Y WIFI

PANTALLA LCD

BATERÍA

CARCASA

PROCESADOR

PALABRAS PARA APRENDER

Acueducto. Su finalidad era transportar agua desde manantiales hasta las ciudades y pueblos. Los romanos eran auténticos expertos en construir acueductos.

Aeropuerto. Lugar en el que podemos encontrar instalaciones y pistas destinadas al despegue, aterrizaje y tráfico de aeronaves, así como a su mantenimiento, embarque y desembarque de pasajeros, etc.

Ambulancia. Vehículo destinado al transporte de heridos y enfermos, dotado con materiales de cura y auxilio.

Ascensor. Sistema de transporte vertical que se utiliza para mover personas u objetos entre diferentes pisos de un edificio.

Autocaravana. Vehículo autónomo que funciona para transportar y dar alojamiento a dos o más personas.

Automóvil. También llamado coche, carro o auto, es un vehículo a motor con ruedas utilizado como transporte de personas o mercancías.

Barco de vapor. Buque propulsado por máquinas de vapor. Su aparición supuso toda una revolución, pues no dependían tanto de vientos y corrientes como los de vela.

Barco pirata. Una embarcación pirata era un gigantesco y rápido barco con velas, cañones y un gran sistema de armas utilizado por piratas para robar a las demás embarcaciones sus objetos de valor, como el oro.

Casa. Una casa es un edificio para habitar. Suele referirse a la construcción de una o pocas plantas que está destinada a la vivienda de una única familia, en oposición a los edificios de múltiples apartamentos o pisos.

Castillo. Edificación muy grande, de piedra, fortificada y rodeada de murallas, fosos y otras obras, que servía para defenderse de los ataques del enemigo.

Coliseo. El Coliseo fue el mayor anfiteatro del Imperio Romano. Su nombre proviene de la colosal estatua de Nerón que se erigió en sus cercanías y que le dio su nombre.

Dron. Vehículo aéreo no tripulado, es decir, que vuela sin necesidad de que alguien lo conduzca. Su trayectoria de vuelo es programada por software o se maneja a través de un control remoto.

Funicular. Es un tipo especial de ferrocarril que se mueve tirado por un cable o cadena de tracción y utilizado para subir grandes pendientes.

Imprenta. Método industrial de reproducción de textos e imágenes sobre papel.

Metro. Medio de transporte urbano de personas, que circula bajo tierra o por superficie.

Moái. Gigantescas estatuas de piedra construidas por los nativos de la isla de Pascua para representar a sus ancestros.

Nave espacial tripulada. Vehículo diseñado para volar en el espacio exterior con una tripulación humana.

Neolítico. Periodo de la Prehistoria comprendido entre el año 5000 y el 3000 a.C. en el que apareció y se generalizó la agricultura y el pastoreo.

Parque de bomberos. Instalación diseñada para alojar al cuerpo de bomberos de una ciudad o pueblo.

Partenón. Situado en la Acrópolis de Atenas, es un templo dedicado a la diosa Atenea Pártenos.

Pirámide. En el antiguo Egipto las pirámides eran tumbas donde se enterraba a un faraón, una reina o los nobles que formaban parte de la corte del faraón.

Rascacielos. Edificio habitable de gran altura y muchos pisos.

Satélite artificial. Objeto que ha sido puesto en órbita intencionadamente. Tiene usos muy diversos, como captar imágenes del Sol, la Tierra y otros planetas, o explorar el espacio y las estrellas y galaxias remotas. También están los satélites de comunicaciones, los satélites meteorológicos y la Estación Espacial Internacional.

Smartphone. Teléfono que funciona sin cables y que puede ser trasladado de un lugar a otro, ya que se conecta a la red de telefonía móvil mediante ondas de radio. Los usuarios pueden conectarse a internet, instalar aplicaciones y llevar a cabo muchas de las actividades que podrían realizar en una computadora.

Submarino. Nave que puede navegar tanto por la superficie del mar como por debajo de la misma.

Teleférico. Sistema de transporte aéreo formado por cabinas suspendidas en el aire, colgadas de cables. Se utiliza para el transporte de personas y mercancías en zonas de alta montaña.

Televisión. Aparato eléctrico que transmite a distancia una señal con imagen y sonido.

Titanic. El barco más grande de su época, que naufragó en las aguas del océano Atlántico mientras realizaba su viaje inaugural en abril de 1912.

Tren. Vehículo compuesto por una serie de vagones o coches acoplados entre sí y remolcados por una locomotora. Se usa para el transporte de mercancías, animales o personas de un lugar a otro.